FALTPLAN

»Schreiben Sie uns!

Wir hoffen, dass Ihnen dieser Reiseführer gefällt und er Ihnen ein guter Begleiter auf einer außergewöhnlichen und spannenden Reise ist.

Weil ein Reiseführer von Erfahrungen lebt, sind wir an Ihren Erlebnissen interessiert: Haben Sie im Buch ein Restaurant entdeckt, das es nicht mehr gibt, eine Sehenswürdigkeit, die wir noch nicht aufgeführt haben, oder eine falsche Adresse? Dann schreiben Sie uns!

Wir nehmen jeden Hinweis und jede Kritik ernst und arbeiten kontinuierlich daran, die Bücher aktuell zu halten und immer weiter zu verbessern. Auch wenn wir nicht jeden Wunsch erfüllen können, machen wir uns immer Gedanken über Ihre Anmerkungen.

Schreiben Sie an: info@reise-know-how.de oder Reise Know-How Verlag Peter Rump GmbH, Postfach 140666, 33626 Bielefeld

Wenn sich Ihre Infos direkt auf das Buch beziehen, bitten wir um die Angabe der Seitenzahl und der Auflagennummer bzw. des Erscheinungsjahres. Besonders hilfreiche Beiträge belohnen wir mit einem Sprachführer Ihrer Wahl aus unserer „Kauderwelsch"-Reihe.

Herzlichen Dank und gute Reisen
Ihr Reise Know-How Verlag

Diesem Buch wurde hier ein herausnehmbarer Faltpl
Sollte er beim Erwerb des Buches nicht mehr vorhanden
ndler nach.

Liebe Leserin, lieber Leser,

ein unabhängiger Verlag für unabhängig Reisende – das sind wir, der Reise Know-How Verlag aus Bielefeld, eines der letzten Familienunternehmen in der Branche. Obwohl wir zu den größten Reiseführerverlagen Deutschlands gehören, ist der familiäre Umgang miteinander in allen Bereichen des Verlagslebens zu spüren: In der Geschäftsführung in zweiter Generation, in einer wertschätzenden Arbeitsatmosphäre, in der Nähe zu unseren frei arbeitenden Autorinnen und Autoren, im engen Austausch mit unseren Leserinnen und Lesern – und auch in der Zusammenarbeit mit Druckereien in Deutschland, in denen wir ausschließlich und regional unsere Bücher produzieren. Die sollen schließlich erst mit Ihnen auf große Reise gehen.

Alles, was wir in unsere Bücher und Landkarten stecken, soll Ihnen eines ermöglichen: Auf Ihre ganz eigene, individuelle Weise die Welt zu entdecken. Wir wünschen Ihnen viel Freude und unvergessliche Erlebnisse mit diesem Reiseführer.

Es grüßen herzlich
Peter Rump & Wayan Rump

Willkommen auf den Liparischen Inseln

Ach, diese grünen Punkte in dem tiefen Blau des Wassers – wer die Liparischen Inseln besuchen will, muss zuerst einmal nach Catania fliegen. Die sieben Inseln grüßen den Besucher hoch über ihnen schon viele Stunden, bevor er ankommt. Jedes Mal ist es ein Moment unbändiger Freude, zu wissen, dass man schon bald in diese Landschaft genau dort unten inmitten dieser aus dem Meer brechenden Vulkankegel eintauchen wird, an ihren Hängen ein winziges weißes Häuschen bezieht und für die nächste Zeit das Meer vor Augen hat, einen feuerspuckenden Berg im Rücken und unter den Füßen schwarzen Sand.

Mit dem Bus geht es am **Ätna** vorbei zum Hafen und erneut tragen einen Schwingen dem Ziel entgegen: Elegant heben die Kufen das Tragflügelboot aus dem Wasser, in weitem Bogen schwebt es hinaus und auf die Inseln zu. Sie sind die geologische Verbindung zwischen dem immer wieder Ärger bereitenden Ätna und dem verschlafenen **Vesuv.** Auf Vulcano, einer der Inseln, hingegen meldet sich das Erdinnere dampfend und kochend und lädt zu einem Schwefelbad, während der **Stromboli-Krater** 29 mal auf mehr, mal auf weniger gesittete Weise Fontänen in den Himmel feuert.

Früher lebten die Menschen hier von Landwirtschaft und von der Fischerei, Wasser kam aus Zisternen, das Licht aus Petroleumleuchten. Die Zeiten sind vorbei, dennoch haben sich die Bewohner der Liparen etwas vom **einfachen Leben** bewahrt – von der Existenz am Kraterrand, von der Ursprünglichkeit des Lebens zwischen Berg und Meer, nicht ganz hier und nicht ganz dort – wohl wissend, dass das Leben ein Drahtseilakt ist.

Die Autoren

In den 1980er-Jahren hat **Daniela Schetar** (nach einer Buchhandelslehre) das Studium der Ethnologie als Magister und **Friedrich Köthe** sein Studium der Entwicklungssoziologie mit dem Diplom abgeschlossen. Seitdem recherchieren sie gemeinsam in der ganzen Welt und beschreiben die bereisten Länder in ihren Büchern. Als Schwerpunkte haben sich dabei in den letzten Jahren das nördliche und südliche Afrika, Ost- und Südeuropa sowie Deutschland herausgebildet.

Eines ihrer ersten Bücher hatte bereits Sizilien und die Liparischen Inseln zum Thema. Seitdem lässt sie die Inselwelt Süditaliens nicht mehr los und besonders lockt sie die Abgeschiedenheit des Liparischen Archipels. Hierher kommen sie nicht nur, um zu arbeiten, auf den Inseln zwischen Himmel und Erde, zwischen Sizilien und Kontinent erholen sie sich auch nur allzu gern. Und wenn das Schiff für die Heimreise nicht anlegen kann, weil das Meer zu aufgewühlt ist – dann nehmen sie das nicht übel, sondern freuen sie sich über einen Aufschub.

077li-fk

Unsere

002li-fk

Spiaggia Cala degli Zimmari, Panarea [III]

Feiner Sand, eine sanft geschwungene Bucht, ein Liegen- und Schirmverleih und hinter einem der Berg. Goldenes Gelb, sattes Grün, azurblaues Meer und ein Himmel so licht und weit, dass man es kaum glauben mag: Der 15-minütige Fußweg vom Hafen lohnt sich – immer wieder (s. S. 70).

004li-fk

Pecorini Mare, Filicudi [II]

Lange Serpentinen führen hinunter an den Lungomare, die Uferpromenade der Inselsüdseite. Niedrige Häuschen am Ufer, eine Kaimauer, an der nur ab und an kleine Boote anlegen, die Leute zum Baden in verschwiegene Buchten oder zur wunderschönen Grotta del Bue Marino bringen, ein Hotel und eine Strandbar – mehr braucht es nicht, um glücklich zu sein (s. S. 94).

005li-fk

Am Kraterrand

Die sieben Inseln haben sieben Krater, der eine voller Farn und herrlich grün, der andere, von dichtem Wald bestanden, ist immer schattig-kühl; der dritte grüßt mit kochendheißem Dampf und schwefelgelb; der vierte wirft rot-glühendes Gestein in dunkle Nacht; der fünfte, grau und blank, ruht vor sich hin …

007li-fk

Auf der Terrasse

Fast immer lebt man unter freiem Himmel, nur wenn es stürmt, verschließt man sich in Kammern. Aus diesem Grund sind die Terrassen lang und breit und bieten den Familien Platz vom frühen Morgen bis in die späte Nacht. Hier wird gewaschen und gekocht, hier wird gegessen und gespielt, hier ruhen nachmittags die Älteren und stärken sich für abendliche Unterhaltung. Und diese dann? Auf der Terrasse.

Lieblingsorte

Ginostra, Stromboli [IV]

Noch vor fünfzehn Jahren konnte hier kein Dampfer anlegen; auf kleinen Booten wurde man in den kleinsten Hafen Italiens gerudert. Weiße Häuschen staffeln sich den Berg hoch, Palmen und Olivenbäume wachsen auf den Terrassen, Esel wuchten das Notwendige über die Serpentinen hinauf ins Dorf. Abgeschiedener von der Welt kann man nicht sein (s. S. 78).

001li-fk

Aussichtspunkt Pianure, Alicudi [I]

Kein Fahrzeug bringt einen auf die Ebenen hinauf, die sich in den Flanken des Vulkankegels verbergen und es heißt, aus grobem Fels gefügte Treppen – nicht immer im besten Zustand – zu bewältigen. Schritt für Schritt müht man sich, doch der Lohn ist gewaltig: Eine schönere und ruhigere Stelle findet man nicht, während man das Meer und den Himmel vor Augen hat (s. S. 109).

003li-fk

In der Küche

Warum wohnt denn der Mensch seit jeher auf den Feuerbergen der Liparen? Weil ihre Böden ungeheuer fruchtbar sind und hier die Trauben bestens wachsen! Weil sich gemauerte Terrassen an den steilen Flanken für den Kapernbusch vorzüglich eignen! Und weil das Meer so sauber und tief ist, dass sich die Fische tummeln und wohlfühlen.

006li-fk

Vulcano, Spiagga del'Asino [H10]

Schwarz ist der Sand, das Wasser klar wie Glas und nicht zu kalt, aber auch nicht zu warm. Das Handtuch ausgebreitet, eingecremt, und nichts wie rein und schwimmen, hinüber zu den Felsen. Dort rausgeklettert, in der Sonne trocknen. Zurück aufs Handtuch und das Ganze noch einmal von vorn und immer so weiter – bis ans Lebensende.

008li-fk

Inhalt

Bewertung der Sehenswürdigkeiten

★★★ nicht verpassen
★★ besonders sehenswert
★ wichtig für speziell interessierte Besucher

Planquadrat im Kartenmaterial

[A1] Orte ohne diese Angabe liegen außerhalb unserer Karten. Ihre Lage kann aber wie die aller Ortsmarken mithilfe der begleitenden Web-App angezeigt werden (s. Anhang).

Updates zum Buch

www.reise-know-how.de/inseltrip/lipari2023

Blick vom Burgberg 16 auf das Rathaus von Lìpari-Stadt 15 (076li-fk)

Benutzungshinweise

Orientierungssystem

Die in den folgenden Kapiteln beschriebenen Attraktionen sind mit einer **fortlaufenden magentafarbenen Nummer** gekennzeichnet, die sich als Ortsmarke im Faltplan oder Detailplan wiederfindet. Steht die Nummer im Fließtext, verweist sie auf die Beschreibung dieser Attraktion.

Die Angabe in **eckigen Klammern** verweist auf das Planquadrat im Faltplan. Beispiel:
⓯ Lìpari-Stadt ★★★ [G6]

Alle weiteren Points of Interest wie Unterkünfte, Restaurants oder Cafés sind mit einer Nummer in **spitzen Klammern** versehen. Anhand dieser eindeutigen Nummer können die Orte in unserer speziell aufbereiteten Web-App unter www.reise-know-how.de/inseltrip/lipari23 lokalisiert werden (s. S. 142). Beispiel:

› **Villa Enrica** €€-€€€ <066>

Beginnen die Points of Interest mit einem **farbigen Quadrat,** so sind sie zusätzlich in den Detailplänen eingezeichnet:

■ **Chicco Tosto** € <076>

Der Schmetterling ...

... zeigt an, wo man besonders gut Natur erleben kann oder Angebote im Bereich des nachhaltigen Tourismus findet.

Preiskategorien

Restaurants

Die Angabe gilt für ein Menü (Vorspeise, Hauptgericht mit Beilagen, Nachtisch) ohne Getränk. Pizzerien fallen generell unter die Kategorie €.

€	unter 20 €
€€	20–30 €
€€€	30–40 €
€€€€	über 40 €

Hotels

Die Angabe gilt für ein Doppelzimmer mit Frühstück. Im Juli/August sind die Preise oft höher. Soweit kein Frühstück im Angebot ist oder die Pflicht zur Halbpension besteht (meist Juli/Aug.), wird gesondert darauf hingewiesen.

€	unter 60 €
€€	60–100 €
€€€	100–150 €
€€€€	über 150 €

Vorwahlen

In Italien sind die **Festnetznummern immer mit der Vorwahl** (inkl. vorangestellter „0") zu wählen (auch innerhalb eines Orts), **Mobilfunknummern** (sie beginnen mit einer „3") werden ohne vorangestellte „0" eingegeben. Von ausländischen Mobiltelefonen muss bei Anruf innerhalb Italiens auch die **Landesvorwahl** gewählt werden.

In diesem Buch sind alle Telefonnummern stets mit Orts- bzw. Mobilfunkvorwahl angegeben, jedoch ohne die Ländervorwahl von Italien.

› **Italien:** 0039
› **Liparische Inseln:** 090

DIE INSELN IM ÜBERBLICK

009li-fk

Einführung

Wie hingewürfelt liegen die Liparen im heißen Sommerdunst. Vom Einfallstor – Siziliens kleinem **Hafen von Milazzo** – zu ihnen hingeblickt, sind sie fast nur zu erahnen. Wer sich dem Archipel per **Tragflügelboot** oder **Dampfer** nähert, dem zeigt es sich unvergleichlich schön. Dann schälen sich die grünen Flanken der bis zu 1000 m hohen Inselberge aus dem Dunst, dann werden weiße Tupfen schnell zu Häuschen und bunte Punkte auf dem Wasser sind dann plötzlich Fischerboote.

Sieben Inseln verteilen sich vor Sizilien, drei von ihnen liegen nahe beieinander: **Vulcano** ist dem sizilianischen Milazzo am nächsten, nur einen Steinwurf weiter nördlich befindet sich **Lìpari**, die größte Insel mit dem Hauptort, Touristenzentrum und Drehscheibe des Inselverkehrs, und dahinter **Salina**, grün und mit dem höchsten Gipfel. Von ihr den Blick nach Westen gerichtet sind die Schemen von **Filicudi** zu sehen und hinter ihm versteckt sich **Alicudi** – das „Ende der Welt“. Nördlich von Salina wächst **Panarea** aus dem Meer, die Villeninsel, ein Millionärsrefugium mit der schönsten Badebucht der Liparen. Und schließlich ist da **Stromboli**, noch weiter nördlich, ein einsamer Vulkankegel und Vorposten auf der Schiffsroute von und nach Neapel: Hoch oben trägt er eine vom Wind zerzauste Fahne aus Rauch, spuckt glühendes Gestein und ist von allen Inseln des **Gottes Äolus**, des Herrn der Winde, bei den Besuchern die beliebteste. Ein jeder will hinauf zum Kraterrand und das Spektakel aus Steinglut und Feuer erleben. Dem Gott der Winde ist übrigens auch der „Zweitname“ der Liparischen Inseln zu verdanken – **Äolische Inseln.**

Bis zu 4500 m sind die **Berge** der Liparen hoch, doch zu sehen sind nur die Gipfel, die aus dem Wasser ragen. Um die Inseln herum hat das **Tyrrhenische Meer** eine seiner tiefsten Stellen. Steil steigen die Klippen über seiner Oberfläche an und ebenso steil setzt es sich unter Wasser fort – ein Grund, dass es nur wenige Sandstrände gibt. Im Gegenzug ist das Meer jedoch so klar wie ein Kristall und zahllose Felsbuchten locken und bieten für jeden Geschmack die richtige Badelösung – Kiesel, Wackersteine, Felsplatten und ab und an auch Sand.

Zweimal die Woche sind die Liparen per **Dampfer** mit **Neapel** verbunden. Die schönste Art, sich den Inseln zu nähern, ist es, abends in Neapel loszufahren. Am nächsten Morgen lecken die Sonnenstrahlen über den Horizont und tauchen Stromboli als erste Anlegestelle in ein goldenes Braun, der Himmel entledigt sich seiner Schwärze und färbt sich blauer und blauer. Schließlich rasselt die Ankerkette der „Laurana“ hinab, ihre Heckklappe fährt hoch und die Menschen treten aus dem Bauch des Schiffs auf die Mole: Verschlafen die einen, putzmunter die anderen, alle gemeinsam aber aufgeregt nach oben schauend und den Blick staunend auf den **Feuerberg** gerichtet.

◁ *Vorseite: Die Marina Corta (s. S. 34) auf Lìpari, Hafen der Fischer*

▷ *Am frühen Morgen nähert sich die Fähre aus Neapel den Liparen*

010li-fk

Von **Milazzo** aus verbinden (neben zwei Schnellfähren) ganzjährig die **Aliscafi** – die Tragflügelboote – die Inseln untereinander, ein dichtes Netz an Bootslinien, das jedes Eiland im Winter mindestens zweimal täglich, im Sommer wesentlich häufiger an Sizilien anschließt – wenn das Wetter mitspielt. Bei Sturm können die schnellen Flitzer zwar fahren, das Anlegen wird aber zum Vabanque-Spiel, und schlagen die Wellen höher, muss der Verkehr gänzlich eingestellt werden. Dann hängt man fest und muss geduldig sein, irgendwann flaut der Sturm schon wieder ab. Im Juli und August starten die schnellen Boote auch in Palermo und Cefalù, in Messina und am Capo d'Orlando, und vom Festland in Villa San Giovanni und Neapel.

Nur Lìpari, Salina und Vulcano besitzen ein nennenswertes **Straßensystem** und nur hier darf man ohne Sondergenehmigung sein Auto ausschiffen (im Hochsommer kann auch hier ein Ausschiffungsverbot verhängt werden). Auf den drei Inseln lassen sich problemlos **Autos mieten** (für Juli/Aug. langfristig vorausbuchen). Das Verkehrsmittel der Wahl ist aber auf (fast) allen Inseln die **Vespa** bzw. der **Roller** – „Hey, Du bist in Süditalien!" Auf Alicudi (gänzlich ohne Fahrstraße) und Stromboli macht aber auch eine Vespa keinen Sinn mehr und auf Panarea bewältigen auf der 4 km langen Straße elektrische Taxi-Golfcars den Verkehr, alle anderen Fahrzeuge sind verboten.

Lìpari

Die **Hauptinsel** der Äolen ist auch ihre größte, hat die meisten Bewohner, beherbergt die Verwaltung der Gemeinde und besitzt die meisten Touristenbetten. Die Unterkünfte konzentrieren sich hauptsächlich in und um **Lìpari-Stadt.** Diese liegt am Beginn einer weiten Bucht mit einem Strand aus schwarzen Steinen. Zahlreiche Restaurants, Trattorien, Cafés und Bars haben in den engen Gassen und

auf den weiten Plätzen ihre Tische rausgestellt. Dem Ansturm Herr zu werden, das haben Wirte und Personal trainiert, daran sind sie gewöhnt. Die Ausflugsschiffe von Sizilien spucken schließlich jeweils mehrere Hundert Tagesbesucher auf einen Schlag aus, die alle alles gleichzeitig begehren. Abends wird es ruhiger, die Dauergäste und die Einheimischen flanieren, nehmen einen Aperitif und sehen dem Abendessen entgegen. Richtig still ist es aber im Sommer nie, und im Juli und August, wenn jedes Bett belegt ist, wird „abgefeiert“. Der Archipel ist beim jungen Sommerpublikum ziemlich beliebt und in Lìpari-Stadt befinden sich die meisten **Hotspots des nächtlichen Treibens.** Im Inselinneren und entlang der Südküste sind mehrere **Wanderungen** ausgewiesen, doch bieten die anderen Inseln schönere Touren. Dafür gibt es tolle **Tauchplätze.**

Sandstrand und heiße Quellen im Meer – Vulcano bietet alles

Vulcano

Fast macht Vulcano dem nur 800 m entfernten Lìpari den ersten Platz im Ranking der Touristen streitig. Es liegt dem Festland näher und wirbt mit **langem Sandstrand** und mit **heißen Quellen.** Tagesgäste kommen in großer Zahl für ein Bad in grauem Schlamm, aber auch an der weiten Sandbucht im blauen Wasser. Nicht wenige besteigen den **„Gran Cratere“**, an dessen Rand die schwefeligen Dämpfe vom heißen Boden in den Himmel steigen und schwarzen Sand mit gelben Flecken übersäen. Einmal am Kraterrand entlang und in kahler Mondlandschaft rundherum zu gehen, ist ein Erlebnis. Andere Besucher nutzen die auf der Insel eingeplanten Stunden, indem sie mit Auto oder Vespa einmal die Insel queren und in **Gelso** an der Südseite kurz verschnaufen. Ein richtiges Zentrum hat Vulcano nicht und aufgrund der zahlreichen Ferienwohnungen und -häuser weiß keiner so genau, wie viele Menschen eigentlich ständig hier leben.

Salina

Das in etwa trapezförmige Salina gehört nicht (wie alle anderen Inseln des Archipels) zur Gemeinde Lìpari, sondern besteht aus den **drei unabhängigen Gemeinden** Malfa, Leni und Santa Marina Salina mit zusammen ca. 2600 Seelen. Salina ist die grünste Insel der Äolen. Sie ist mit **dichtem Wald** bedeckt, der sich bis zu den beiden Hauptgipfeln zieht – auch im Hochsommer ein **Wanderparadies**, da die Bäume für Schatten sorgen. Zahlreiche Wege rund um den höchsten Berg der Äolen, den **Monte Fossa** (962 m) auf der Westseite der Insel, sind markiert und treffen alle mehr oder weniger am Gipfel aufeinander. Der 100 m niedrigere **Monte dei Porri** nimmt die Osthälfte ein und kann ebenfalls bestiegen werden.

Santa Marina Salina an der Ostküste, das umtriebige Inselzentrum mit mehreren Hotels, ausgezeichneten Restaurants und Souvenirshops, ist die Hauptanlegestelle und besitzt einen größeren Stadtstrand. **Rinella** im Süden – klein und auch im Sommer verschlafen – fahren die Schiffe auf dem Weg von und nach Filicudi an. Der kleine Strand am Hafen ist charmant. **Malfa** im Norden staffelt sich die Hänge hoch, sein kleines Zentrum ist recht lebhaft, liegt aber hoch über dem Meer. Der eigentliche Badeort Salinas ist **Lìngua** an der Südostecke mit Terrassenrestaurants, von Molen geschützten Steinstränden und einer Lagune. Die Ortschaft **Pollara** im Westen auf einem Plateau über dem Meer gilt als die „Diva" der Inselorte.

Schließlich haben hier die Taviani-Brüder den Film „Il Postino" mit Massimo Troisi und Philippe Noiret abgedreht. Leider ist das Hauptkapital der Streusiedlung, der Strand, durch einen Bergrutsch zerstört worden.

Panarea

Die **„Millionärsinsel"** ist die kleinste Insel des Archipels und wird schon lange nicht mehr nur von betuchten Zeitgenossen besucht. Auch diese Insel bietet inzwischen günstigere Unterkünfte, das Flair hingegen ist immer noch mondän und die Insel brilliert mit einem idyllischen **goldgelben Strand** aus feinstem Sand. Eine schöne **Wanderung** führt hinauf zum Grat, der als Vulkanrest eigentlich nicht mehr zu erkennen ist. Ansonsten heißt es auf Panarea, in den wenigen (und preislich recht gehobenen) Modeläden zu shoppen oder in einem der elegant-legeren Lokale den Abend ausklingen zu lassen.

012li-fk

☒ *Die Hauptkirche auf Salina (s. S. 82)*

Inselsteckbriefe

Insel	Einwohner	Größe	Küstenlänge
Lìpari	9500	37,3 km²	36,9 km
Vulcano	700	20,1 km²	32,5 km
Salina, S. M.	2000	26,4 km²	23,3 km
Panarea	250	3,3 km²	7,5 km
Stromboli	550	12,6 km²	15,8 km
Filicudi	200	9,5 km²	14,5 km
Alicudi	100	5,0 km²	8,5 km

Stromboli

Wer die Äolen besucht, kommt unweigerlich nach Stromboli. Schließlich gilt es hier, den **zahmsten Vulkan Europas** zu besteigen. Weit draußen markiert der Bergkegel die nördliche Grenze der Inselgruppe. Die Anreise mit dem Aliscafo dauert auch bei direkter Verbindung von Lìpari aus eine Stunde und bei Seegang geht gar nichts mehr, nur die Dampfer verkehren dann manchmal noch. Stromboli ist dann vom Rest der Welt abgeschnitten. Vielleicht fürchten die Besucher diese „Wasserlage", sodass 90 % nur ein oder zwei Nächte bleiben – gerade mal Zeit genug, um sich in den späteren Nachmittagsstunden auf den Weg zu machen, um den Vulkan zu erklimmen und heimgekehrt spätnachts todmüde ins Hotelbett zu fallen. Dabei hat die Insel doch mehr zu bieten. In **Stromboli-Ort** gibt es lange Strände aus schwarzem Sand, ausgezeichnete Lokale und eine richtige kleine Feiermeile. Und **Ginostra**, auf der anderen Seite der Insel, ist

013li-fk

Höchster Punkt	Fahrzeit von Lìpari	Luftlinie von Milazzo
602 m		39 km
500 m	10 Min.	34 km
962 m	20 Min.	50 km
421 m	50 Min.	50 km
924 m	90 Min.	65 km
774 m	60 Min.	70 km
676 m	95 Min.	85 km

einer der abgeschiedensten Weiler Italiens: nur mit dem Schiff zu erreichen, staffeln sich die Häuser den Hang hoch und sind über Bergpfade miteinander verbunden. Es ist der – auf äußerst unaufgeregte Weise – exklusivste Platz des Archipels.

Filicudi

„Hauptstadt" und Hafen der Doppelinsel **Filicudi** ist eine Häuserzeile entlang der Uferstraße und der flachen Landenge, die die Hauptinsel (mit der über 700 m hohen Fossa Felci) und die Nebeninsel des 174 m hohen Capo Graziano verbindet. Die eigentlichen Siedlungsplätze Filicudis liegen hoch oben an den Hängen des **Fossa Felci.** Ein gepflasterter Fußweg geht in Serpentinen recht steil direkt vom Hafen hinauf. Die Fahrstraße führt erst zum Capo Graziano und dann in weiten Bögen nach oben. „Geheimtipp" ist der Weiler **Pecorini a Mare**, ein tiefenentspannter Ort an der Südküste mit einem Hotel, einer endlosen Uferstraße und einem Felsstrand. Mit dem **Capo Graziano** besitzt Filicudi nicht nur eine der bedeutendsten Grabungsstätten der Inseln, sondern auch einen der schönsten und interessantesten Tauchplätze (mit archäologischen Artefakten).

Die Anlegemole von Stromboli-Ort 28

Alicudi

Mit dem fast kreisrunden Alicudi scheint die Welt zu Ende zu sein: ein Aliscafo morgens, eins abends und wenn man Pech hat und hängenbleibt, muss man sich um eine Unterkunft sorgen – diese sind nicht dicht gesät. Ein einziger Ort, der sich an der Südostküste den Hang hochzieht, und unendlich viele **Treppen** – für viele Besucher genügt dies als Beschreibung. Bis auf 675 m kann man die Stufen hochsteigen. Mehrere verlassene Dörfer, teils verfallen, teils als Feriendomizil genutzt, zeugen von der einst regen landwirtschaftlichen Nutzung auf den in den Inselflanken verborgenen Terrassenfeldern. Dennoch – Alicudi ist immer einen Besuch wert. Wer abseits des Trubels entspannen will, mit rudimentären Einrichtungen in einem Ferienhaus auskommen kann oder sich in einer der Pensionen mit grundlegendem Komfort zufriedengibt, ist hier richtig.

Auf dem Weg zu den Liparischen Inseln

Die Liparischen Inseln sind **nur per Boot zu erreichen.** Eine Landebahn für Flugzeuge existiert nicht und die Helikopterlandeplätze sind für Notfälle reserviert. Ganzjährig sind die Inseln per Schiff und Tragflügelboot mit **Neapel** und **Milazzo** verbunden.

1 Neapel ★★★

Der brodelnde Häuserkessel an den Hängen des Vesuv ist ein attraktives Touristenziel. Hier macht man eine Reise in die glorreiche Vergangenheit, als das antike Pompeji noch ein exklusiver Villenvorort war und Friedrich II. 1224 die erste kirchenunabhängige Universität der westlichen Welt gründete.

„Erst Neapel anschauen, dann das Städtchen Muori" – „Neapel sehen und sterben" („Vedi Napoli e poi muori"), die doppelte Bedeutung des Satzes („Muori" bedeutet „Ortschaft", aber auch „sterben") beleuchtet leider auch eine traurige Wahrheit: Neapel hat immer wieder mit Gewalttaten der Camorra und mit Jugendbanden zu kämpfen. Glücklicherweise bekommt man davon als Tourist nichts mit – außer dass die Polizei- und Militärpräsenz in der Stadt ungewöhnlich stark ist, schließlich will man den **Tourismus** schützen. Dessen Bedeutung zeigen nicht zuletzt die im Viererpack an die Hafenmole angeleinten gigantischen Kreuzfahrtschiffe.

Unterhalb des Vesuv erstreckt sich entlang des Golfs von Neapel und unweit touristischer Ziele wie Capri und Ischia die Millionenstadt (1 Mio. Einwohner, drittgrößte Metropole Italiens). In der Nähe befinden sich außerdem die von Vulkanasche im Jahr 79 konservierten Städte Herculaneum und Pompeji, die zum UNESCO-Weltkulturerbe zählen. Um Neapel zu verstehen, muss man sich nur die Be-

015li-fk

völkerungsdichte anschauen: 8000 Menschen leben auf einem Quadratkilometer (in Palermo sind es 4000, in Rom 2000).

Die **Geschichte** Neapels reicht weit zurück. Um 700 v. Chr. entstand auf dem heutigen Stadtgebiet die griechische Siedlung Paläopolis, 200 Jahre später gründeten die Griechen eine zweite Siedlung, das namengebende Neapolis – „Neue Stadt". Auch nach Erstarken Roms blieb man über Jahrhunderte unabhängig, kämpfte dann aber in den Bürgerkriegen des 1. Jh. v. Chr. auf der falschen Seite und musste in der Folge seine Eigenständigkeit aufgeben. In den Anfangsjahren des Christentums nutzten dessen Anhänger bereits Katakomben, die bis heute in Teilen erhalten sind. Nach der Teilung des Reichs begann mit den Völkerwanderungen der Niedergang des weströmischen Reichs, Byzanz folgte ihm 763. Neapel wurde Herzogtum. Unter den Normannen (ab 1139) und den Staufern schlug man Neapel dem „Königreich beider Sizilien" zu, eine Zeit der Blüte begann. 1266 übernahmen die französischen Anjou die Herrschaft. Nach der „Sizilianischen Vesper" 1282 verloren sie Sizilien und machten Neapel zum Sitz ihres Königreichs. 1442 vertrieben die spanischen Aragonesen die Franzosen, ab 1501 herrschten die spanischen Habsburger, bis 1713 spanische Vizekönige, bis 1734 österreichische Habsburger und bis 1806 spanische Bourbonen. Nach

MEIN TIPP

Prioriäten setzen

Wer nur ganz wenig Zeit hat, kann das **Museo Civico** (10) aufsuchen, das sich direkt am Hafen befindet, oder alternativ ein bisschen in der **Via Toledo** bummeln und in den Modegeschäften stöbern. Vielleicht reicht die Zeit ja auch noch für einen Besuch des **Markts um die Via Pignasecca** (8).

Bei einem halben Tag sollte man auf alle Fälle gleich morgens in das **Archäologische Nationalmuseum** (2) schauen und auf dem Rückweg über die Via Toledo noch das **Franziskanerkloster Santa Chiara** (7) besuchen. Als Alternative zum Kloster könnte man auch die älteste Taufkapelle der Christenheit in der **Cattedrale di Santa Maria Assunta** (3) aufsuchen.

Bei einem Tag und mehr kann man frühmorgens zum **Kloster von San Martino** (9) hoch und dann über den **Markt von Pignasecca** zum **Archäologischen Museum** laufen. Von dort geht es zur **Cattedrale di Santa Maria Assunta** und zurück über die Via Tribunali einmal quer durch die Altstadt nach **Santa Chiara.**

dem napoleonischen Intermezzo sollten Letztere bis zur Gründung des Königreichs Italien 1860 an der Macht bleiben. Die Geschichte der Stadt ist also von Fremdherrschaft geprägt und vielleicht sind die Neapolitaner ja auch deshalb nicht so erpicht darauf, sich von staatlicher Obrigkeit lenken oder von einer übergeordneten Struktur gängeln zu lassen.

Da bis zur Abfahrt der Fähre am Abend nicht zu viel Zeit ist, sollte man sich bei einem **Besuch** auf das *centro antico,* das antike Zentrum gleich nördlich des Hafens, beschränken und dort die bedeutendsten Sehenswürdigkeiten zu Fuß erkunden.

Blick auf Neapel vom Kloster San Martino (9)

2 Archäologisches Nationalmuseum ★★★

Es ist sicherlich eines der bedeutendsten archäologischen Museen der Welt und bietet eine herrliche Sammlung an Mosaiken, Skulpturen und Malereien.

Das Museum entstand bereits Ende des 18. Jh. als Ausstellungsgebäude für feine Künste. Bis 1860 gehörte es den Bourbonen und ging dann in den Besitz des italienischen Staates über, der es zum Nationalmuseum erklärte.

Um sich nicht zu verzetteln, könnte man auf den Besuch der ägyptischen Sammlung im Untergeschoss verzichten und gleich **im rechten Flügel des Erdgeschosses** beginnen. Die Familie Farnese stellte die Sammlung vornehmlich aus **Grabungsfunden im Rom des 16. Jh.** zusammen. Bedeutende Werke sind der entspannt ruhende Herkules (Kopie eines Werks des 4. Jh. v. Chr. aus dem 2. Jh. v. Chr.), die Gruppe „Farnesischer Stier“ mit wild kämpfenden Helden, Hund und zur Seite gelegter Leier (3. Jh., Kopie eines griechischen Werks) und der Krieger mit totem Kind, das er sich nachlässig über die Schulter geworfen hat („Achilles und Troilus“, 2. Jh.), der aus mehreren Marmorsorten komponierte „Kniende Barbar“ (1. Jh.), die vielbrüstige „Artemis von Ephesus“ oder die sterbende Amazone, die vom Pferd gleitet (beide aus dem 2. Jh.). Aus schwarzem und weißem Porphyr entstand der unverschämt schöne „Apollo mit Leier“. Wer es weniger pompös liebt, geht in die **Säle 9 und 10** und achte auf die „Tazza Farnese“, eine 20 cm messende Kamee (Reliefgravur) aus Sardonyx (Quarz, 2. Jh. v. Chr.). Filigran sind die Allegorie des Nils, ein bärtiger Mann mit Füllhorn, Nymphen und schwebende Windgottheiten herausgearbeitet.

Im **Zwischengeschoss** schmücken in Pompeji gefundene Mosaike Wände und Säulen: Komödien- und Jagdszenen, Erinnerung an den Tod, groteske Masken oder einfach nur schöne Muster. Unter den Bourbonen weggesperrt und erst von Garibaldi wieder öffentlich gemacht, erzählen die Bilder und Skulpturen im **Gabinetto segreto** am Ende des linken Ausstellungsgangs (Säle 62, 65) von der Sinnenfreude in der Antike, der Allgegenwart der Sexualität und dem recht „befreiten“ Umgang mit ihr.

Das **Obergeschoss** zeigt den Wandschmuck der Villen in Pompeji, Gemälde, Fresken und Intarsien, Landidylle, Götter und Menschen, ausdrucksstarke Porträts, schöne Frauen und Nymphen. Jünglinge und elegant geschwungene, an Jugendstil erinnernde Muster (Säle 66–78) sind ebenfalls zu sehen. Die Bronzen aus Herculaneum (Säle 114–117) gehören zum Besten der damaligen Künstler: Wettläufer in Olympia mit einzigartig eingefangenen Bewegungen oder ein tänzelnder Jüngling mit Spaten, der jeden Moment durch den Saal zu gleiten scheint.

› Piazza Museo Nazionale 19, Tel. 0848 800288 (vom Handy 06 39967050), www.museoarcheologiconapoli.it, Eintritt: 22 € (Karte zwei Tage gültig), bis 18 Jahre 2 €, 18–24 Jahre 6 €, jeden 1. So/Monat Eintritt frei, Mi–Mo 9–19.30 Uhr

☒ *Sitzender Apollo mit Lyra im Archäologischen Nationalmuseum*

3 Cattedrale di Santa Maria Assunta ★★★

Im Voksmund nennt man die Kirche „Duomo di San Gennaro", beherbergt sie doch Phiolen mit dem Blut des Märtyrers. Absolut sehenswert ist die älteste christliche Taufkapelle des Abendlandes.

Der **Dom**, eines der größten Gotteshäuser der Stadt, entstand ab dem 13. Jh. unter Einbeziehung der Vorgängerkirche und einer Taufkapelle. An seiner Konstruktion wirkten die Größen der Zeit wie **Masuccio** und **Giovanni und Nicola Pisano** mit. Betritt man den Dom durch das prächtige gotische Portal, umfängt den Besucher ein reich geschmückter Innenraum in barockem Stil.

Eines der Highlights des Doms ist die rechts vom Eingang liegende **Reale Cappella del Tesoro di San Gennaro** in Form eines griechischen Kreuzes. Die prächtige Kuppelmalerei führte Domenico Zampieri, genannt Domenichino, 1633 aus. Am Altar werden seit 1667 die Phiolen mit dem **Blut des hl. Gennaro** aufbewahrt, die Reliquienbüste des Heiligen aus Silber vor dem Altar links kam 1305 nach Neapel. An bestimmten Festtagen (Sa vor dem 1. Mai, 19. Sept. und 16. Dez.) werden die Phiolen hervorgeholt und bei einer Prozession durch den Dom getragen. Dann nimmt der Erzbischof eine und dreht sie mehrfach. Verflüssigt sich das Blut nicht, erwartet die Stadt Schlechtes.

Wer in die frühchristliche Zeit zurück will, betritt linker Hand die **Basilica di Santa Restituta.** Von den ursprünglich fünf Schiffen der im 4. Jh. errichteten Basilika sind nur noch drei (gekürzt) erhalten. Ihr Inneres hat Guglielmelli 1688 nach einem Erdbeben barock überformt. Luca Giordano schuf das Deckengemälde „Ankunft der hl. Restituta in Ischia". Das in Teilen unvollendet gebliebene Fresko in der Apside stammt aus dem 13. Jh. Links vom Altar schmückt die Apside der Cappella della Madon-

014li-fk

na del Principo das Mosaik „Thronende Maria mit Kind zwischen Gennaro und Restituta“ (1322, von Lello da Orvieto).

Geht man rechts an der Apsis vorbei nach hinten, gelangt man in die älteste erhaltene Taufkapelle der Christenheit: **San Giovanni in Fonte.** Sie wird auf Ende des 4. Jh. datiert und zeigt einen quadratischen Grundriss mit einer Seitenlänge von 7,60 m. Die teilweise nur in Fragmenten erhaltenen Mosaike entstammen dem 5. Jh. und sind überaus beeindruckend, nicht nur wegen ihres Alters, sondern auch wegen ihrer künstlerischen Qualität.

Im Boden unter der Kuppel befindet sich das Taufbecken, in dem der Katechumene bis zu den Knien im Wasser stand und seinen Blick zur Kuppel erhob, deren Mitte das Monogramm Gottes beherrscht, von A bis Z, wie unterhalb der erste und letzte Buchstabe des griechischen Alphabets klarmachen – Alpha und Omega. Über dem Monogramm hält die Hand Gottes einen Lorbeerkranz. Ein Bilderkranz mit Gaben der Natur und Vögeln (Pfauen, Papageien, Fasane ...) rahmt das Zentrum (oberhalb der Hand Gottes thront ein Phönix auf einem Felsen).

Der darunterliegende Kuppelschmuck ist nur teilweise erhalten. Er zeigt eine Samariterin am Brunnen und das Wunder von Kanaa, den wunderbaren Fischfang und die Frauen am Grab Jesu. In den vier Kalotten an den Ecken sind Mensch, Löwe, Stier und Adler jeweils geflügelt zu sehen, zwischen ihnen wachen an jeder Wand zwei Märtyrer.

› Via Duomo 147, Tel. 081 449097, Eintritt: Basilica Santa Restituta 2 €, Dom Mo–Sa 8.30–13.30, 14.30–19.30, So 8–13, 16.30–19.30 Uhr

4 Napoli Sotteranea ★★

Eine Reise in den Untergrund Neapels dreht die Uhr um 2400 Jahre zurück, als die Griechen in den gelben Sandstein Kavernen gruben, führt am antiken Rom vorbei und passiert die Katakomben der Frühchristen.

Die Wege sind trocken und gut beleuchtet, ein Pullover empfehlenswert. 40 m unterhalb Neapels und des Kulturschutts vieler Jahrhunderte sind erste Station die **Kavernen der Griechen** aus dem 4. Jh. v. Chr. Die gewonnen Quader verwendeten sie für ihre Bauten, die Höhlen für Bestattungen. Die **Römer** haben sich mit einem unterirdischen Aquädukt verewigt und die frühen **Christen** benutzten den Untergrund als Zufluchtsort. Die Wasserleitungen und Zisternen versorgten Neapel immerhin bis ins 17. Jh. Um das Jahr 1900 ersetzten schließlich bleierne Wasserleitungen die alten Systeme. Das Netz aus Kanälen, Gängen, Höhlen und Schächten von über 2 Mio. Quadratmeter war nun ungenutzt.

Einmal aber noch war der Untergrund von größter Bedeutung: Während der Bombardements im **Zweiten Weltkrieg** suchten die Menschen unter der Erde in schnell errichteten Bunkern Schutz. Danach verfüllten findige Bauunternehmer die Gänge mit Schutt, um Transportkosten zu sparen. Dass der Untergrund eine touristische Attraktion wurde, ist einer **Privatinitiative** zu verdanken, die auch den **Hypogäum-Garten** initiierte, ein Gemüsegarten der Unterwelt.

Schließlich betritt man durch eine normale Erdgeschosswohnung und eine Falltür die Reste des **griechisch-römischen Theaters.** Hier unternahm Nero seine ersten Bühnenschritte als Dichter und Sänger (in Rom traute er sich noch nicht so recht). Er befahl seinen Soldaten und dem einfachen Volk, die Ränge zu füllen – alle sollen frenetisch geklatscht haben und keiner habe es (trotz eines Erdbebens) gewagt, das Theater zu verlassen.

› Piazza San Gaetano 68, Tel. 081 296944, www.napolisotterranea.org, Eintritt: 15 €, 11–24 Jahre 10 €, 5–10 Jahre 9 €, tgl. Führungen (90–120 Min.) im Stundentakt ab 10 Uhr, letzte Führung 17 Uhr, auf Englisch 10/12/14/16/18 Uhr, Do um 21 Uhr nach Voranmeldung. Im Winter eingeschränkte Führungen.

5 San Lorenzo Maggiore ★

Auch in diesem ehemaligen Kloster kann man in die antike Vergangenheit der Stadt hinabsteigen – und sich zuvor in prächtiger Umgebung über das Leben der Mönche informieren.

Das Kloster steht am Hauptplatz von Neapolis, dem späteren römischen Forum. Hier verlief der Decumanus, die heutige Via dei Tribunali, hier befanden sich Teatro Grande, Odeon (für die Konzerte) und das Macellum, das Marktgebäude, eine rechteckige Konstruktion mit zwei Stockwerken und kleinen Geschäften im Erdgeschoss. Wer in die Tiefen des Klosters hinabsteigt, trifft auf einen **Bogengang**, der noch aus dem 1. Jh. stammt. Ein Sockel markiert den Standort eines **Tholos**, eines kleinen runden Tempels. Ist noch Zeit, kann man vom Kreuzgang aus in den im 13. Jh. gebauten **Saal Sixtus V.** schauen, das ehemalige Refektorium, dessen Tonnengewölbe zu Beginn des 17. Jh. Luigi Rodriguez mit einem sehenswerten Fresko (u. a. die königlichen Tugenden symbolisierend) schmückte.

› Via dei Tribunali 316, Tel. 081 2110860, www.sanlorenzomaggiore.na.it, Eintritt: 9 €, bis 18 Jahre 6 €, tgl. 9.30–17.30 Uhr

6 La Cappella Sansevero ★★

Wer Barock mag, wird die Kapelle Sansevero lieben. So zahlreich sind die verspielten Figuren, so ziseliert Stuck und so pastellig bunt die Fresken und Gemälde, dass es einem den Atem raubt.

Einige recht langatmige Legenden ranken sich um die Kapelle, die Anfang des 17. Jh. der Patriarch von Alexandria, **Alessandro di Sangro** aus dem Geschlecht der Sansevero, als Grabstätte errichten ließ. Sie erfuhr mehrfach Umbauten, die massivsten durch **Raimondo** (1710–1771), Prinz von Sansevero. Als Freimaurer, Alchimist und Erfinder hinterließ er so einige geheime Zeichen.

Von außen ist die Kapelle unbeeindruckend, doch drinnen kommt man aus dem Staunen nicht mehr heraus. Raimondo selbst hat den **Fliesenboden** mit seinem verwirrenden Labyrinthmuster entworfen (nur noch in der Kapellenmitte erhalten). Man wende hier den Blick nach oben und bestaune das intensiv leuchtende, illusionistische **Deckenfresko** (die Farben hat Raimondo eigens dafür entwickelt). Wichtigstes Kunstwerk ist der „**Verschleierte Christus**“ von Giuseppe Sanmartino (1753) vor dem Hauptaltar. Ein unvergleichlich hauchzartes Tuch bedeckt Gesicht und Körper und lässt Mimik, Adern und Wunden noch deutlicher werden – alles aus Marmor. Antonio Cavoa, der bedeutendste Bildhauer des italienischen Klassizismus, soll beim Anblick der Skulptur geschworen haben, dass er 10 Jahre seines Lebens gegeben hätte, wäre er nur der Erschaffer dieses Meisterwerks gewesen.

Die **Grabstelle Raimondos** befindet sich an der rechten Seite im dritten Bogen. Neben dem Grab geht es in die runde Cavea Sotteranea mit den beiden „Anatomischen Maschinen", gruselige Skelette eines Mannes und einer schwangeren Frau, bei denen immer noch nicht bekannt ist, wie im 18. Jh. ein derartiger Detailreichtum der Blutgefäße und der Innereien nachempfunden werden konnte. Angeblich sind es die Körper zweier Hausangestellter, deren Blutgefäße Raimondo mit einer geheimen Ingredienz konservierte – während sie noch lebten.

Bei der Kirche geriet er schließlich endgültig in Ungnade. Er hatte eine rote Substanz präsentiert, die fest zu sein schien. Als er sie schüttelte wurde sie urplötzlich flüssig – das Blutwunder eines Großmeisters der Freimaurer.

› Via F. Sanctis 19/21, Tel. 081 5518470, www.museosansevero.it, Eintritt: 10 €, bis 25 Jahre 7 €, bis 10 Jahre frei, Mi–Mo 9–19 Uhr

7 Chiostro di Santa Chiara ★★★

Das gotische Franziskanerkloster ist wegen seines mit Majolicas geschmücktem Kreuzgang aus dem 18. Jh. eines der touristischen Highlights Neapels.

Vier Kreuzgänge besitzt das Kloster, der größte – **Chiostro maiolicato** (auch Chiostro delle Clarisse genannt) – ist gleichzeitig auch der schönste und prächtigste. 1739 unterzog Domenico Antonio Vaccaro den quadratischen Kreuzgang mit 80 m Seitenlänge einer kompletten Überarbeitung. Dabei ließ er den Arkadenumlauf mit seinen Spitzbögen und Kreuzgewölben weitestgehend im Originalzustand (die Fresken sind allerdings barock). Die eigentliche Arbeit fand in der Mitte statt. Zwei sich kreuzende, von 66 achteckigen Säulen flankierte Wege wurden angelegt. Ihre Fliesen zeigen florale Muster, die zwischen ihnen gemauerten Bänke sind ebenfalls vollständig mit wertvollen Fliesen geschmückt – vornehmlich in Gelb und Blau mit Szenen aus dem Leben im Neapel des 17. und 18. Jh. Den Brunnen in der Mitte flankieren vier Löwen, die noch aus dem 14. Jh. stammen.

› Via Santa Chiara 49/C, Tel. 081 5516673, www.monasterodisantachiara.it, Eintritt: 6 €, Kirche 7.30–13, 16.30–20 Uhr, Kreuzgang Mo–Sa 9.30–17.30, So 10–14.30 Uhr

8 Markt La Pignasecca ★★

Der älteste Markt Neapels ist immer noch Treffpunkt der Einheimischen, die hier alles bekommen, was sie zum täglichen Leben benötigen.

Nicht nur Obst und Gemüse steht zum Verkauf, auch der beste Käse, die leckerste Wurst, der frischeste Fisch. Die **Via Pignasecca** säumen eine ganze Reihe von Restaurants, Pizzerien und Schnellimbissen in bestem Sinne. Ein paar Tische auf die Straße gestellt, eine kleine Küche und superfrische Zutaten sind der Garant für ein perfektes Mittagessen. Vornehmlich Neapolitaner nehmen die Gelegenheit wahr, aber auch der eine oder andere Tourist wagt es, sich für z. B. ein *fritto misto* vom Fisch zu setzen.

Die Via Pignasecca befindet sich bei der Piazza Montesanto, einem **klassischen Arbeiterviertel**, und ist genau deswegen auch so authentisch. Hier wird hart verhandelt und jeder Fisch, jeder Apfel in die Hand genommen und begutachtet. Die Mammas kommen in ihren Hausschuhen vorbei und diskutieren mit Herz und Seele die Preise. Die Fischhändler rufen, ja singen fast ihre Sonderange-

bote aus voller Kehle in die Gassen. Der Metzger schneidet die Kutteln zurecht und erzählt den letzten Klatsch des Viertels. Und dazwischen kurven die *ragazzi* mit ihren Vespas. So soll Neapel sein, so ist Neapel!

› Via Pignasecca, tgl. 8–13 Uhr

9 Certosa e Museo di San Martino ★★

Besonders am Nachmittag ist beste Sicht auf die Stadt, den Hafen und den Vesuv garantiert und nach dem Museumsbesuch ist der Aperitif hier oben fast schon Pflichtprogramm.

Das ehemalige Kartäuserkloster hoch über der Stadt neben dem Castel Sant'Elmo auf dem Vomero-Hügel erhielt seine Weihe 1368. Im 16. und 17. Jh. erweiterte man es zur heutigen Größe und überformte die Anlage im barocken Stil. Der weitläufige Komplex, der an sich schon sehenswert ist, beherbergt eines der **Nationalmuseen** der Stadt mit Schwerpunkt auf der **Stadtgeschichte.** Zu sehen sind Prachtkutschen und -schiffe, Gemälde aus der Zeit vom 15. bis zum 19. Jh., dekorative Kunst, eine Abteilung, die sich dem Klosterleben widmet, und natürlich die Architektur, vom elegant-einfachen gotischen Kreuzgang bis zur barocken Kirche mit überbordender Innenausstattung. Keinesfalls missen sollte man im Priorentrakt den Austritt **Belvedere** mit einem herrlichen Panoramablick. Danach kann man noch in den **Gärten** lustwandeln und in der historischen **Klosterapotheke** vorbeischauen.

› Largo di San Martino 5, Tel. 081 2294568, www.beniculturali.it/luogo/certosa-e-museo-di-san-martino, Eintritt: 6 €, am 1. So/Monat Eintritt frei, Do–Di 8.30–19.30 Uhr, Anfahrt: Seilbahn/Funicolare von Station „Piazza Montesanto" zur Station „Via Morghen"

10 Museo Civico di Castelnuovo ★★

Ein Katzensprung von der Stazione Marittima (Hafen) befindet sich das Stadtmuseum im Castelnuovo mit einigen wertvollen Gemälden und Skulpturen, erstaunlichen Bronzetüren und dem Saal der Barone.

Drei mächtige Türme sind dem Land zugewandt und die beiden rechten „quetschen" das repräsentative Eingangsportal zusammen. Die Festung entstand 1279 unter den Anjou

Straßenimbiss auf dem Mercato La Pignasecca 8

MEIN TIPP

3000 Jahre Kunst

Wer tiefer in Kunst, Kultur und die Vergangenheit Neapels einsteigen will, sollte sich den Kunst-Reiseführer „Golf von Neapel und Kampanien" besorgen (DuMont Reiseverlag, Ostfildern 2011).

Mein Tipp

Essen für die Überfahrt

Natürlich macht man bei einem Schnellrestaurant auf einer Fähre Abstriche, aber was die Siremar auf ihrer „Laurana" an der Theke – noch dazu mit sehr limitiertem Charme – ausgibt, ist mit „lauwarm und reichlich" sehr wohlwollend beschrieben. Man sollte sich also unbedingt vorab mit einem kalten Abendessen versorgen (in den Geschäften Neapels fällt dies überhaupt nicht schwer) und auch eine Flasche Wein trägt zum Wohlbefinden auf der Überfahrt bei.

017li-fk

nicht nur als Verteidigungswerk, sondern auch als Wohnsitz. Im 15. Jh. erhielt sie mehr oder weniger ihr heutiges Aussehen. Vom großen Innenhof gelangt man unterhalb der Freitreppe direkt in die **Sala dei Baroni.** Im Jahr 1330 hatte sie Giotto mit (nicht erhaltenen) Fresken geschmückt. Das Rippengewölbe der Rotunde in 28 m Höhe ist allerdings beeindruckend genug. 1486 hatte Ferrante I d'Aragona alle Barone seines Reichs zur Hochzeit seiner Nichte geladen. Ihm war zu Ohren gekommen, dass sie einen Aufstand planten. Die Barone wiegten sich in Sicherheit, schließlich war Hochzeit. Er versammelte alle in diesem Saal, ließ sie verhaften und unverzüglich hinrichten – ein echtes „Game of Thrones".

Die **Ausstellung** zeigt Kunstwerke vom 14. bis 16. Jh., darunter Fresken von Niccolò di Tommaso (1339–1376). Die erste Etage widmet sich vornehmlich sakraler Kunst des 15. bis 18. Jh. Ganz profan ist das zweiflügelige, von Kanonenkugeln durchschlagene Bronzetor (1475) mit seinem kriegerischen Bildprogramm. Es hatte einmal den Festungseingang gesichert, wurde aber nach einem französischen Kriegszug gegen die Stadt abmontiert und Richtung Frankreich verschifft. Dann griffen jedoch die Genuesen die Flotte an, eroberten die Bronzetür zurück, wobei sie ihre Blessuren erhielt, und brachten sie wieder nach Napoli.

› Via Vittorio Emanuele III, Tel. 081 7957722, Eintritt: 6 €, Mo–Sa 9–18 Uhr

Der prächtige Eingang des Castelnuovo 10

Infos und Reisetipps

- Zur **Anreise** nach Neapel und **Weiterreise** auf die Liparischen Inseln siehe Seite 124.
- **Ufficio Turistico Napoli (1)** <001> Via San Giuseppe de Nudi 82, Tel. 800 134034, www.infoturismonapoli.it, tgl. 8.30–20 Uhr
- **Ufficio Turistico Napoli (2)** <002> Piazza del Gesù Nuovo 28, Tel. 081 5512701, tgl. 9–13 Uhr
- **Stadtverkehr:** Es gibt ein dichtes Busnetz, zwei Haupt-Metrolinien und vier Standseilbahnen im Tarifverbund (www.anm.it). Tickets gibt es an Kiosken (im Fahrzeug entwerten!), eine einfache Fahrt kostet 1,20 €, das Biglietto TIC für mehrere Fahrten innerhalb 90 Min. (aber immer nur eine einzige Metro- oder Standseilbahnfahrt) 1,40 €, die Tageskarte (Tag, Name und Geburtsdatum sind bei Nutzungsbeginn einzutragen) 4,20 €, ein 7-Tage-Ticket 12,50 €.
- **Hop-on/Hop-off-Stadttouren** mit offenen Doppeldeckerbussen gibt es auf zwei Linien: April–Okt. 9.30–17.10 Uhr alle 40 Min., Ticket 24 €, bis 15 Jahre 12 €, www.city-sightseeing.it.
- Kostenlose zweistündige **Stadtspaziergänge:** Di, Do, So 10.30, Fr 15 Uhr, Treffpunkt Piazza Bovio (Metrostation Università), www.freewalkingtournapoli.com, Trinkgeld erbeten

Unterkünfte

- **Hostel Mancini** € <003> Via Pasquale Stanislao Mancini 33, Tel. 081 200800, www.hostelmancininaples.com. Sehr sauberes und angenehmes Hostel in guter Lage beim Hauptbahnhof mit Schlafsälen und Doppelzimmern. Küchenmitbenutzung.
- **Hostel of the Sun** € <004> Via Guglielmo Melisurgo 15, Tel. 081 4206393, www.hostelnapoli.com. Direkt am Hafen bei der Stazione Marittima in einem Apartmentblock. Sauber, frisch und freundlich. Schlafsaal und Privatzimmer, dazu gibt es ein reichhaltiges Frühstücksbüfett (und ab und an auch ein kostenloses Abendessen).
- **Hotel Casanova** € <005> Via Venezia 2, Tel. 081 268287, www.hotelcasanova.com. Einfaches Hotel fünf Gehminuten vom Bahnhof. Saubere, mit allem Notwendigen eingerichtete, teilweise sehr kleine Zimmer. Relativ ruhige Lage in einem „typischen" Viertel Neapels, gutes Croissant-Frühstück.
- **Hotel Piazza Bellini** €€ <006> Via S. M. di Costantinopoli 101, Tel. 081 451732, www.hotelpiazzabellini.com. 350 m nördlich des Klosters Santa Chiara und nahe dem Archäologischen Nationalmuseum im Herzen der Altstadt. Elegant und modern eingerichtete, stylishe Zimmer und Apartments zu fairen Preisen. Gutes Frühstücksbüffet und ein süßer kleiner Innenhof, viele junge Gäste.
- **Hotel San Pietro** €€€ <007> Via San Pietro ad Aram 18, Tel. 081 286040, www.sanpietrohotel.it. Zentral zwischen Bahnhof und Dom nahe der Piazza Garibaldi gelegenes Designhotel mit modern eingerichteten Zimmern und einer tollen, kleinen Dachterrasse für den Aperitif.
- **Mercure Napoli Centro Angioino** €€€ <008> Via Depretis 123, Tel. 081 4910111, www.accorhotels.com. Das Beste an diesem vornehmlich von Geschäftsreisenden gebuchten Haus der Accor-Hotelkette ist die Hafennähe, sonst eher steril, aber komfortable, genormte Zimmer.
- **Millenium Gold Hotel** €€ <009> Viale Comandante Umberto Maddalena 192, Tel. 081 5955406, www.millennium goldhotel.it. 800 m vom Abfertigungsterminal des Flughafens gelegen, ist es ideal für Abflüge zu nachtschlafener Zeit. Modernes Haus, das aber nur beschränkt gepflegt wird, daher etwas runtergekommene Zimmer.

018li-fk

■ **Skyhouse Beverello** €€ <010> Via Guglielmo Melisurgo 4, Tel. 081 7648350, www.bbskyhouse.com. Hypermodernes B&B mit eleganter Zimmereinrichtung. Gutes Frühstück, freundliche Besitzerin, zwei Doppel- und ein Familienzimmer, zwei davon mit kleiner Terrasse zum Hafen in einer der oberen Etagen eines Hochhauses.

Essen und Trinken

In der Via Tribunale zwischen der Via San Gaudioso und der Via Duomo ist die *pizzerie*-Dichte Neapels am höchsten – und alle sind immer gut besucht. Für welche man sich entscheidet, ist schon fast beliebig, obwohl praktisch jeder Neapolitaner immer seine Lieblingspizzeria hat: Vesi, Sorbello, Decumani, di Matteo.

■ **Anonymous Trattoria Gourmet** €-€€ <011> Via Rua Catalana 117, Tel. 081 5528215, Mo–Sa 19–23.30 Uhr. Extrem leckere neapolitanische Küche mit der vielleicht besten Pasta der Stadt und natürlich gibt's auch Fischgerichte – das Ganze in frischer, junger Atmosphäre mit schlichter Einrichtung. Hier speist man gut und auch noch ausgesprochen günstig. Einige Tische stehen auf der Straße.

■ **Arx Cafè** € <012> Via Tito Angelini 20/C, San Martino, tgl. 8–23 Uhr. Bar/Café an der Piazza Belvedere mit der Festung im Rücken und dem Stadtpanorama vor Augen. Ein guter Platz für einen entspannten Aperitif.

■ **Bar Seccia** € <013> Via Guglielmo Melisurgo 23, Tel. 081 5523577, tgl. 7–22 Uhr. Belegte Brötchen und *tavola calda* (warme Gerichte, z. B. Pasta) auf Plastiktellern in guter Qualität und zu fairen Preisen. Außerdem sitzt man sehr schön und schattig auf der kleinen Terrasse abseits des Hafentrubels in einer ruhigen Ecke.

■ **Gagliotta** € <014> Via Porta Medina 4, Tel. 081 5922035, 8–14 Uhr. Neben dem Fischgeschäft Pescheria Azzurra und ihr zugehörig sitzt man am stilvollsten an den kleinen Bartischen in der Gasse und bestellt sich Meeresgetier,

Beim Essen wird auf höchste Qualität Wert gelegt

das so frisch ist, dass es fast noch wegkrabbeln könnte. Die Roulädchen vom Schwertfisch kosten 6 € und eine Platte mit frittiertem gemischtem Fisch 5 € (!).

- **Mangia e Bevi** € <015> Via Sedile di Porto 91, Tel. 081 5529546, Mo–Fr 12–16 Uhr. Ein Jammer, dass sie nicht abends aufmachen! Wer kommt, nimmt in Kauf, sich in die Schlange zu stellen. Der Service ist effizient und serviert extrem zügig – nichts zum Verweilen also. Dafür sind die Gerichte ausgezeichnet und sensationell günstig.
- **O Grin** € <016> Via Mezzocannone 83, Tel. 081 0480169, www.facebook.com/ogrinnapoli, Mo–Sa 10–19 Uhr. „Etico & buono", so heißt der Slogan („Ethisch und gut"): Von Studenten belagerter Schnellimbiss mit vegetarischer/veganer Kost, sehr lecker.
- › **Pizzeria 50 Kalò** € <017> Piazza Sannazzaro 201/B, Tel. 081 19204667, www.50kalo.it, tgl. 12.30–16, 19.30–0.30 Uhr. Auch wenn es zum Hafen 4 km sind, der Weg lohnt sich: elegant-minimalistische Einrichtung, die Kapern stammen von Salina, der Pecorino ist 24 Monate gereift. Der Mozzarella ist vom Büffel, die Sardellen sind von der Amalfi-Küste und die Tomaten aus San Marzano am Fuß des Vesuv. 50 Kalò serviert die leckerste Pizza nicht nur Neapels, sondern in ganz Kampanien – ungelogen!
- **Sorbillo** € <018> Via Tribunale 32, Tel. 081 446643, www.sorbillo.it, tgl. 12–15.30, 19–0 Uhr. Zwei Möglichkeiten: Will man in Ruhe in einer der angesagtesten Pizzerien Neapels speisen, heißt es eine Nummer ziehen und in der Gasse warten, bis man aufgerufen wird und das urige Lokal betreten darf; in der Abteilung für die Eiligen geht es schneller, aber man wird mehr oder weniger abgefertigt. Seit 1935 wird in der „Accademia della Pizza" gebacken. Wer will, bestellt die Pizza „Amnesty International" (und bezahlt damit eine Spende).
- **Taverna dò rè** €€ <019> Fondo Supportico di Separazione, 2/3 (Piazza Municipio), Tel. 081 5522424, www.facebook.com/atavernadore, im Sommer tgl. 12–15, 19.30–22.30 Uhr. Restaurant (auch Pizzeria) nahe dem Fährhafen in einer ruhigen Gasse mit angenehmem Freisitz. Freundlichkeit des Personals und Küchenqualität hängen ein bisschen von der jeweiligen Tagesform ab.

Einkaufen

Die großen nationalen und internationalen **Filialisten** sind in der Via Toledo zwischen der Piazza Dante und der Piazza Trieste e Trento zu finden. Wer ausgeflipptere Kleidung kaufen möchte, wird im Studentenviertel rund um die Via Mezzocannone fündig. Hier gibt es auch Buchläden, Cafés, vegetarische Kneipen und eine Menge Graffiti.

- **Supermercato Sole 365** <020> 365 Via Incoronata 14/16, tgl. 8–22 Uhr. Supermarkt 600 m von der Stazione Marittima.

11 Milazzo ★★

Hat man bei der Anfahrt die Industrieanlagen einmal hinter sich gelassen, empfangen den Besucher ein fast idyllisches Hafenstädtchen mit einer riesigen Burganlage und eine langgezogene Halbinsel voll knorriger Olivenbäume.

Durch die Neustadt mit ihren gesichtslosen Gebäuden kommt man in Höhe des Hafens zur Altstadt und noch weiter zu den kleinen Gassen, die zum Kastell hinaufführen. Heute ist die Stadt auf dem gleichnamigen Kap vor allem als **Ablegehafen zu den Liparischen Inseln** bekannt, doch sie blickt auf eine lange Geschichte zurück. Griechen, Mamertiner („Söhne des Mars", eine Söldnergruppe aus Syrakus), Karthager und Syrakusaner kämpften oft und inbrünstig um die Landzunge.

714 v. Chr. gründeten die Griechen auf der Anhöhe die Stadt „Mylae“. Im Kampf der Römer gegen Karthago fand im Jahr 260 v. Chr. die große Seeschlacht vor Milazzo statt, die der römische Konsul **Cajus Duilius** für sich entscheiden konnte – der erste große Seesieg der Römer. Die Normannen errichteten eine Festungsanlage, die **Friedrich II.** Anfang des 13. Jh. weiter ausbauen ließ. Zwischen dem 17. und 24. Juli 1860 fügte **Garibaldi** bei der Battaglia di Milazzo den Bourbonen auf den Schlachtfeldern eine Niederlage zu.

Die Stadt besteht aus drei Teilen: **Burganlage, Borgo** (Vorstadt) und **Unterstadt,** die vor allem im 19. Jh. entstand. In der Via Crispi befindet sich auf altem Stadtgebiet ein **Karmeliterkonvikt** aus dem 16. Jh. Ein Flügel stammt aus dem 19. Jh. und beherbergt die Stadtverwaltung. Über eine prunkvolle Freitreppe gelangt man zum **Heiligtum des San Francesco di Paolo** mit einem Portal aus dem 17. Jh. Dahinter ist im einstigen Frauengefängnis (von Insassen und Wachen gemeinsam bewohnt) ein **ethnologisches Museum** untergebracht:

› Via Impallomeni 49, Eintritt frei, Sommer Di 10–12, 19–21, Mi 16–20, Do 18–20.30, Fr 10–13, 18–20.30, Sa 11–13, 17–19.30, So 9.30–13 Uhr, im Winter eingeschränkte Öffnungszeiten

In der Nähe der Piazza Roma, genauer in der Via Praticella, befindet sich eine **Nekropolis,** in der man Skelette und Tonwaren aus dem 14. Jh. v. Chr. gefunden hat. Der **Neue Dom** aus dem 20. Jh. im Zentrum der Stadt beherbergt Werke von Antonello de Saliba (1466–1535).

■ **IllusionVille** <021> Via Giorgio Rizzo 106, Tel. 09 09414140, www.illusionville.it, Eintritt: 14 €, Kinder 9/12 €, Sommer tgl. 9–19, Winter Fr–So 16–20 Uhr. In der Stadt der Illusionen gibt es Spaß für die ganze Familie: seltsame Fußböden, auf den Kopf gestellte Zimmer, das eigene Gesicht in berühmten Gemälden oder Spiegeltäuschungen.

12 Antiquarium Archeologico di Milazzo ★

In einer ehemaligen spanischen Kaserne aus dem 16. Jh. ist Milazzos schönste Ausstellung untergebracht.

Einen knappen Kilometer nördlich der Schiffsanlegestelle befinden sich in den zehn Räumen des kleinen, 1585 für spanische Soldaten errichteten Gebäudekomplexes die **Fundstücke von Grabungen,** die seit dem Zweiten Weltkrieg in der Umgebung Milazzos stattgefunden haben. Die sehenswerte, **modern konzipierte Ausstellung** ist chronologisch geordnet und beginnt mit dem Neolithikum, etwa 5000 Jahre vor Beginn der Zeitrechnung.

› Via del Quartiere 28, Tel. 090 9223471, Eintritt: frei, So/Mo 9–13, Di–Sa 9–19 Uhr

13 Castello/Museo del Mare ★★

Wehrhaft und mit fast bedrohlicher Präsenz wacht die riesige Burganlage über Stadt und Hafen.

Das mächtige, die ganze Stadt dominierende Kastell stammt aus dem 13. Jh. und entstand unter Friedrich II. von Hohenstaufen auf den Ruinen einer ehemaligen arabischen Zitadelle, die schon um 1130 in den Schriften auftauchte. Um 1450 verstärkte **Alfonso von Aragon** die Verteidigungsanlagen. Die Anfang des 16. Jh. in Angriff genommenen spanischen Wälle wurden im Jahre 1605 unter **Lorenzo**

Suárez de Figueroa vollendet. Die Anlage lädt zu einem Nachmittagsspaziergang mit Blick über die Stadt und das Meer ein. Bei klarem Wetter sieht man bis zu den Liparischen Inseln.

Das Meer spielte in Milazzo immer eine herausragende Rolle. Das beeindruckende Meeresmuseum im am südlichen Ende der Burg gelegenen **Bastione di Santa Maria** präsentiert in der Haupthalle seine eigene Entstehung und führt in das Thema „Meer" ein. In dem an die Halle anschließenden Raum taucht man in eine **virtuelle Realität** ein: In der „Hölle" erlebt man die Folgen der Verschmutzung der Meere und im „Paradies" wird man zum Wassertropfen.

› Via Castello, Tel. 09 09221291, www.mumamilazzo.com, Eintritt: 5 € (Führung zusätzlich 5 €), Sommer Di–So 8.30–13.30, 16.30–20.30 Uhr, Winter Di–So 9–18.30 Uhr

Das kleine Meeresmuseum **Museo della Tonnara e del Mare** nahe der Burg widmet sich dem Thunfischfang.

› Salita Castello, Tel. 3358434211, Eintritt frei, Di–So 9–18.30 Uhr

14 Capo di Milazzo ★★

Hinter der Stadt wird es in Richtung Kap richtig idyllisch: Hier befinden sich Zitrusplantagen, Olivenhaine, fast keine Bebauung und ganz am Ende Gartenlokale.

Am Kap (am Ende der Fahrstraße) kann die kleine **Cappella di Sant'Antonio da Padova** besucht werden, die im 16. Jh. in eine Grotte hineingebaut wurde. In diese Höhle soll sich 1221 der hl. Antonius zurückgezogen haben. Das Santuario besitzt schöne Marmorintarsien. Der Zugang erfolgt über eine Treppe, die hinunter zu der renovierten Häuserzeile führt.

Zwei kurze Spaziergänge sind am Kap möglich: in 20 Min. auf den Monte Trino mit herrlicher Rundsicht und von der Baia di San Antonio um das Kap herum zur Punta Mazza. Auf Letzterem – einem Rundweg – kann man an der westlichsten Stelle zur **Piscina di Venere** hinuntersteigen, einem Felsbecken mit klarem Was-

⌃ *Am äußersten Ende des Kaps von Milazzo*

ser und ein toller Platz zum Abkühlen (wenn man Badeschuhe dabei hat).

Infos und Reisetipps

› Zur **Anreise** nach Milazzo und **Weiterreise** auf die Liparischen Inseln s. S. 124.

- **Funway** <022> Via Giacomo Medici 61, Tel. 366 2285576, www.funway.it, Verleih von E-Bikes für jeweils ca. 20 €/4 Std.
- **Ufficio Turistico Milazzo** <023> Via Ammiraglio Luigi Rizzo, Tel. 345 8838132, https://prolocomilazzo.com, Mo–Sa 9–13, 16–19, So 9–13 Uhr

Unterkünfte

- **B&B Re Umberto** €-€€ <024> Via Umberto I 95, Tel. 090 9224291, www.bbreumberto.com. Fünf Zimmer und Apartents 400 m vom Hafen. Nett, freundlich und modern möbliert.
- **B&B Solaris** €-€€ <025> Via Colonnello Francesco Berte 90, Tel. 090 9284739, www.solarisbnbmilazzo.com. Quietschbuntes B&B mit fünf Zimmern im Zentrum und in Hafennähe in der vierten Etage eines Mietshauses. Sehr empfehlenswerte Adresse.
- **Hotel Garibaldi** €€ <026> Lungomare Garibaldi 311, Tel. 090 9240189, www.hotelgaribaldi.net. Komfortable und moderne, saubere Zimmer sowie Apartments in einem ehemaligen Palast an der Strandpromenade.
- **La Bussola** €€-€€€ <027> Via Nino Bixio, 11/13, Tel. 090 9221244, www.hotelabussola.it. Luxushotel in Hafennähe mit eigener Garage und 26 modernst eingerichteten Zimmern. Für diese Hotelklasse ausgezeichnetes Preis-Leistungs-Verhältnis. Im angeschlossenen Sofia's Bistro speist man passend erster Klasse (€€, feste Menüs mit 4 Gängen).
- **Petit Hotel** €€-€€€ <028> Via dei Mille 37, Tel. 09 09286784, www.petithotel.it. Kleines Haus am Hafen aus dem 19. Jh. mit geschmackvoller Einrichtung, sehr freundliches Personal, sympathische Adresse mit ökologisch korrekter Einrichtung (von den Matrazen bis zum Wandanstrich aus Eiern, Kalk und Kasein). Die Hafenblickterrasse auf dem Dach ist an heißen Tagen ein Ort der Erholung.
- **Riviera Lido** €€€ <029> Strada Panoramica (2 km außerhalb Richtung Kap östlich am Meer), Tel. 09 09283456, www.hotelrivieralido.it. In guter Lage am Meer mit eigenem Kiesstrand und Sportangeboten (Juli/Aug. mit Halbpension).

Essen und Trinken

- **Bar Washington** €-€€ <030> Via Marina Garibaldi 94, Tel. 09 09249045, www.facebook.com/joseilcreativo, Di–So 7–1 Uhr. Unter Bäumen am Wasser unweit der Anlegestelle gibt es süße und herzhafte Snacks, Eis, Cannolli, Cocktails und ganz viel Urlaubsstimmung.
- **Hostaria San Francesco** €€€ <031> Piazza San Francesco 13, Tel. 09 09214536, www.facebook.com/HostariaSanFrancesco, Mi–Sa 20–22.30, So 13–14.30 Uhr. Perfekte Geschmackserlebnisse auf Basis von Traditionsrezepten, für den Magen und genauso auch fürs Auge – die richtige Adresse, um in elegantem Ambiente Fisch zu essen.
- **Panineria del Porto** € <032> Via Luigi Rizzo 22, Tel. 09 09224948, Mo–Sa 8–19 Uhr. Belegte Brötchen, die man sich nach Gusto zusammenstellt. Das dauert seine Zeit, aber sie schmecken köstlich (weswegen mittags die Hafenarbeiter in großer Zahl herkommen).
- **Trattoria Casalinga** €€ <033> Via Riccardo d'Amico 13, Tel. 09 09222697, geöffnet Mo–Sa 11.30–15.30, 18.30–23.30 Uhr. In einem kleinen, familiären Bistro werden sehr gute Fischgerichte serviert. Manchmal ist der Service aber überfordert, ansonsten angenehme, unauffällige Atmosphäre, junges Publikum, guter lokaler Weißwein und einige Tische in der Gasse.

DIE INSELN ENTDECKEN

029li-fk

Lìpari

Die Hauptinsel des Archipels lockt mit langen Stränden, verschwiegenen Buchten, Kirchen in Aussichtslage und einem bedeutenden Museum.

Obwohl Lìpari die größte Insel der Äolen ist, besitzt sie nur einen einzigen **Hafen** – in **Lìpari-Stadt** – und nur einen weiteren größeren Ort – **Canneto.** Lìparis Küsten sind bis auf wenige Abschnitte steil und felsig und die wirklich attraktiven Buchten kann man zu Fuß nur sehr schwer erreichen. Wer über ein **Boot** verfügt, hat es da einfacher und viele Sommertouristen mieten sich gleich wochenweise eins, verbringen die Tage in Ruhe und Frieden auf dem klaren Wasser, verankert vor einer der bemerkenswerten Felsformationen, und kehren erst abends zu Aperitif und Essen wieder zurück.

Um die Insel mit dem **Auto** oder einer **Vespa** zu erkunden, genügt ein Tag vollauf. Schließlich gibt es nur eine große Straße, die rund um die Insel verläuft – im Osten und Norden am Meer und im Westen abseits der Küste an den Bergflanken. Dann sind da noch zwei Stichstraßen: Eine führt von Lìpari-Stadt nach Süden hinauf zum Observatorium, die andere zweigt im Westen etwa bei Pianoconte ab und führt hinunter zum ehemaligen Thermalbad von San Calogero. Richtig abenteuerlich ist die Fahrt auf der schmalen Betonpiste zum zweithöchsten Berg der Insel, dem **Monte Sant'Angelo** (594 m), von dem aus man tief in den Schlund des Kraters auf der Nachbarinsel Vulcano blickt.

Vorseite: Blick über die Südwestküste von Lìpari mit Vulcano im Hintergrund

Zwar lässt sich die Umrundung auch mit dem **Inselbus** unternehmen (wenn man bereit, ist einige Kilometer zu Fuß zu gehen), doch mit dem eigenen Fahrzeug kann man jederzeit anhalten und für ein erfrischendes Bad ins Meer springen. Auch die **Aussichtspunkte** wie der am Observatorium oder der an der Chiesa Vecchia 21 lassen sich so einfacher erreichen.

Auf zahlreichen Pfaden und Sträßlein kann man auf Lìpari **wandern.** Die Wege sind allerdings nur in seltenen Fällen markiert bzw. mit Schildern versehen. Über Jahrhunderte haben die Bauern ihre Wege gepflegt, um im Landesinneren Getreide und Hülsenfrüchte anbauen zu können. Als aber die Landflucht begann und sich parallel dazu der Warentransport vergünstigte, gaben sie nach und nach die Landwirtschaft auf und die Wege verfielen. Ein bisschen Orientierungssinn sollte man also schon mitbringen. Wegen der ruppigen Untergründe ist festes Schuhwerk angemessen, wegen der Macchia, die gerne die Wege überwuchert, lange und robustere Kleidung angesagt. Auch Trittsicherheit ist häufiger gefordert, da Pfade entlang steilerer Hänge schon mal abgerutscht sind und der Bewuchs dies nicht immer zuverlässig erkennen lässt.

Wer **Nachtleben** sucht, ist in Lìpari-Stadt richtig, allerdings auch nur dort. Der **Corso Vittorio Emanuele** entwickelt sich an Sommerabenden zu einer Art Feiermeile mit voll besetzten Cafés, Musikcombos auf der Straße und zahllosen Familien, die mit ihren Kindern auch spätnachts noch flanieren *(passeggiata),* mit *ragazzi,* die sich hier treffen und den Abend in den Diskotheken planen oder zu späterer Stunde noch etwas

Karte siehe S. 144

021li-fk

zu essen suchen. Es herrscht also schon mal Gedränge, aber da jeder gut gelaunt und in Ferienstimmung ist, macht es keinem etwas aus und man genießt die laue Nacht nach einem heißen Tag.

Auch wenn die Entstehung der Inseln bei der Nachbarin Vulcano wesentlich augenfälliger ist, Lìpari ist ebenso **vulkanischen Ursprungs** und seine Berge Zeugen der Aufbrüche der Erdkruste. Entstanden ist Lìpari wie die anderen Inseln zusammen mit der Auffaltung des Apennin. Allerdings finden sich nur auf Lìpari Gesteine mit einem hohen SiO2-Gehalt (saure Gesteine), für die Gesteine der Nachbarn ist ein niedrigerer Silizium-Oxid-Gehalt charakteristisch. Lìpari ist sogar namensgebend für eine eigene Gesteinsklasse, die Lìparite (Rhyolithe) und die besondere Situation der Gesteinsbildung führte auch zu den reichen **Bimssteinvorkommen**.

Auf Lìpari lassen sich **mehrere Vulkankegel** identifizieren. Im Nordosten ragt der Monte Pilato 477 m in die Höhe. Sein Lavastrom, der sich nach Nordosten zur Punta della Castagna ergoss, besteht vornehmlich aus glänzendem Obsidian. Westlich von ihm steht der höchste Berg, der Monte Chirica (602 m), und gleich südlich der zweithöchste Gipfel, der Monte Sant'Angelo (594 m). Beide zeigen sich mit hellem, vielporigem Bimsstein. Auch bei Canneto findet sich Bims, der über Jahrhunderte abgebaut wurde und den die Natur durch Wind und Wetter zusätzlich so stark erodierte, dass der hier abgedeckte **Obsidianstrom** zutage trat. Sowohl Bims als auch Obsidian haben die Vulkane als Letztes ausgespuckt; dieser Teil der Insel ist der jüngste. Beide Gesteinsarten haben über Jahrtausende zum Reichtum der Insel beigetragen, als Baustoff, Scheuer- und Glättmittel das eine, als scharfes Klingenmaterial für Äxte, Messer und Speere das andere.

Der **Süden** mit dem 369 m Monte Guardia ist der älteste Teil Lìparis. Zwischen ihm und dem Monte

Die Chiesa delle Anime del Purgatorio war und ist das Bethaus der Fischer

KURZ & KNAPP

Flucht

In der Zeit des faschistischen Italien war Lìpari von 1926 bis 1933 eine regelrechte **Gefangeneninsel** – allerdings nicht für strafrechtlich Aufgefallene, sondern für politisch Unerwünschte, die man auf die Insel deportierte. Bis zu 500 Verbannte waren auf der Burg weggesperrt oder in den Häusern der Stadt einquartiert – viele von ihnen ohne je einen Richter zu sehen. 600 Mann Militär und Polizei hatten sie zu bewachen und auf dem Meer patrouillierten Schnellboote und machten ein Entkommen (fast) unmöglich. Am 27. Juli 1929 gelang dann allerdings erstmals drei Männern die Flucht. Einer von ihnen, Francesco Fausto Nitti, schrieb die Geschichte Lìparis als Gefangeneninsel und seines Entkommens von der „Teufelsinsel" *(Isola del diavolo)* nieder. Das Buch „Flucht" ist allerdings leider nur antiquarisch erhältlich (Müller & I. Kiepenheuer, Potsdam 1930).

Sant'Angelo erstreckt sich eine Art Schüssel, deren Untergrund aus Tuffgesteinen besteht. Hier im Hinterland von Lìpari-Stadt war die „Kornkammer" der Insel mit fruchtbaren Böden, auf denen Gemüse und Getreide gezogen wurde. Mehrere kleinere, nah ans Wasser tretende Vulkankegel charakterisieren die Westküste mit ihren steilen Abhängen.

Die Entstehung Lìparis begann vor 270.000 Jahren und war in groben Formen 50.000 Jahre später abgeschlossen, die vulkanische Aktivität setzte sich aber bis ins Mittelalter fort. Noch zwischen 776 und 1220 fanden kleinere Ausbrüche mit Lavaströmen statt (Monte Pilato und Rocche Rosse im Nordosten).

15 Lìpari-Stadt ★★★ [G6]

Lìpari-Stadt ist Verwaltungszentrum, Verkehrsdrehscheibe und touristisches Hauptziel der Tagesausflügler von Sizilien und bietet zudem ausgezeichnete Restaurants, angesagte Bars und Cafés.

Nähert man sich der Insel mit dem Schiff von Milazzo, passiert man die Punta San Giuseppe und der Blick fällt auf die weite Bucht zwischen Monte Guardia und Monte Rosa und auf den Burgberg mit der Oberstadt, die als „Fels in der Brandung" die Wiege Lìparis ist – als Siedlung im Neolithikum, als Akropolis bei den Griechen, als Forum der Römer und als Fluchtpunkt bei Piratenüberfällen im Mittelalter.

Der **Burgberg** teilt die Bucht in zwei Abschnitte. Die nördliche, 1,5 km lange **Marina Lunga** verläuft wie ein Halbmond zum Monte Rosa hin. An ihrem südlichen Ende unterhalb des Burgbergs legen am Porto Sottomonastero die Tragflügelboote und Dampfer an, an ihrem nördlichen Ende dümpeln Jachten im Porto Turistico.

Südlich des Burgbergs ist die **Marina Corta** die gute Stube der Stadt. Fischerboote sind an den Kais festgemacht, Ausflugsdampfer aus Sizilien spucken Tagesausflügler aus und die weite Fläche der Piazza Ugo di Sant'Onofrio flankieren die Freisitze mehrerer Cafés und Restaurants. Zwischen der Piazza und dem Porto Sottomonastero verläuft die Flanierzone der Stadt über die Via Garibaldi, die Via Umberto I und den mit Ficus-Bäumen gesäumten Corso Vittorio

Der Burgberg von Lìpari von der Fähre aus

Emanuele II. Bis auf wenige Ausnahmen befinden sich in diesem Bereich die Restaurants und Cafés. Dafür gibt es direkt im Zentrum nur wenige Hotels, die meisten sind außerhalb in den Neubaugebieten.

Lìpari wurde vom 18. bis zum 20. Jh. als **Gefängnisinsel** genutzt. Zwischen 1926 und 1933 zwangen die Faschisten bis zu 500 politische Gefangene hierher, danach nutzte man den Burgberg zur Unterbringung für Ustascha-Truppen (einem kroatischen Faschistenverband), die aus Kroatien geflohen waren. Ab 1939 war auf der Akropolis auch der Kommandant der feindlichen äthiopischen Truppen interniert und ab 1941 wurden für zwei Jahre kommunistische Deportierte aus Jugoslawien gefangen gehalten. Der Burgberg war damit zum Konzentrationslager geworden. Bis in die 1950er-Jahre waren das Gefängnis und die heutigen Museumsgebäude als Lager in Betrieb.

16 Burgberg ★★★ [G6]

Auch wenn die Berge hinter Lìpari hoch aufragen, die Akropolis mit ihren hohen Bäumen und Kirchen ist und bleibt der Blickfang in der Bucht. Mit dem Museum 17, der bedeutendsten Kirche der Inseln und einer herrlichen Aussicht ist sie das Muss bei einem Besuch Lìparis.

Im Durchgang am nördlichen Abgang vom Burgberg ist die Kasse untergebracht. Der gesamte Burgberg wurde zum **archäologischen Park** erklärt, die lange Siedlungsgeschichte reicht weit über das antike Griechenland hinaus, entsprechend faszinierend sind auch die Grabungen entlang der Via del Castello. Als natürliche Erhebung, von der aus man den besten Landeplatz des Archipels kontrollieren konnte, waren der Berg und seine Umgebung von jeher die bevorzugten Siedlungsorte.

Gleich am Anfang der Via Castello steht rechter Hand die säkularisierte Kirche **Santa Caterina** aus dem 16.

023li-fk

mit Umbauten aus dem 18. Jh. In den Ausstellungsräumen **Spazi Espositivi di Santa Caterina** werden jeden Sommer Sonderausstellungen mit vornehmlich moderner Kunst gezeigt.

Hinter der Kirche zieht sich das langgestreckte ehemalige Gefängnis nach Westen und wird heute ebenso für Ausstellungen genutzt. Weiter Richtung Dom ⑱ durch das Spalier der Oleanderbäume gehend, passiert man rechter Hand **Grabungen**, die bronzezeitliche Hüttenreste und griechisch-römische Straßenzüge zutage gebracht haben. Hinter ihnen steht die Kirche **Chiesa dell'Addolorata** mit ihrem etwas eigenwilligen, 1699 aus der Zusammenfügung dreier kleiner Kirchen entstandenen Baukörper: Chiesa Sant'Andrea, Chiesa dell'Itria und Chiesa dei Sette Dolori.

Hinter dem folgenden, schmaleren Grabungsfeld erhebt sich die barock geschwungene Fassade der **Chiesa Dell'Immacolata** aus dem 17. Jh. mit dunklen Pilastern. Innen zeigt sie sich hervorragend saniert in blendendem Weiß mit verspieltem Stuck und einem imposanten, mit Intarsien gearbeiteten Marmoraltar (18. Jh.). Vor der Kirche verlief lange vor ihrer Zeit der Decumanus, eine der Hauptstraßen einer römischen Stadtanlage.

Schräg gegenüber steht der Komplex aus **Dom** ⑱ und normannischem Kreuzgang (von hier geht es auf der im 10. Jh. erbauten Via Concordato in die Unterstadt). Das **Archäologische Museum** ⑰ teilt sich in zwei Ausstellungsgebäude (in deren Sälen einmal von Mussolini auf die Insel Deportierte schliefen) beidseits des Doms. Die Vulkanische Abteilung und die Paläontologische Ausstellung des Museums befinden sich in einem separaten Gebäude auf der anderen Straßenseite.

Am Ende der Via del Castello befindet sich (rechter Hand durch das Tor) der eigentliche **Archäologische Park.** Von ihm aus sieht man die fünfte Kirche der Akropolis, die **Chiesa della Madonna della Grazie** aus dem 17. Jh. Unter Pinien sind einige der in der Archäologischen Zone der Unterstadt ausgegrabenen Sarkophage aufgestellt. Im Nachbau des griechischen Theaters (an der Originalstelle) finden im Sommer Konzerte und Filmvorführungen statt.

- **Archäologischer Park** <034> Via del Castello, Eintritt: frei, Di–Sa 10–18.30 (Winter 9–16.30), So 9.30–12.30 Uhr
- **Santa Caterina** <035> Via del Castello, Eintritt: frei, Di–Sa 10–18.30, So 9.30–12.30 Uhr

⑰ Museo Archeologico Luigi Bernabò Brea ★★★ [G6]

Die Sammlung ist einzigartig und besonders die Theatermasken aus hellenischer Zeit sind weltberühmt.

Das Ticket für das Museum gibt es am nördlichen Burgwall im Durchgang hinunter zur Stadt. Will man chronologisch besichtigen, betritt man zuerst den **Bischofspalast** rechts vom Dom. Er wurde im 18. Jh. errichtet und steht auf den Fundamenten eines Vorgängerbaus des normannischen Klosterkomplexes, den der osmanische Pirat Khayr al-Dīn Barbarossa abbrennen ließ. Die prähistorische Sammlung vereinigt die Funde aus den Schichten, die die Siedlungsreste des mittleren Neolithikums bargen (spätes 5. Jh. v. Chr.). Der gute Erhaltungszustand der Artefakte ist der konservierenden Wirkung vulkanischer Asche geschuldet, die Westwinde auf den Fundamenten ablagerten. Die Schicht aus abgelagerter Asche und Kulturschichten hatte schließlich eine Dicke von zehn

Metern. Die Grabungen fanden in den 1950er-Jahren statt.

Saal 1 im Obergeschoss zeigt einfach gravierte Keramik aus dem späten 5. Jh. v. Chr. und als Schneidwerkzeuge benutzte **Obsidiansplitter** (Fundstelle in den Bergen), die an den Flanken der Vulkane gesammelt und zu jener Zeit bereits im ganzen Mittelmeerraum gehandelt wurden. Die dreifarbigen Tonwaren stammen vom Burgberg und sind etwa 1000 Jahre jünger (um 4000 v. Chr.).

Die Keramik in Saal 2 (nochmals 500 Jahre jünger) ist dann noch feiner, die Muster filigraner und komplizierter. In ihre Zeit fällt auch die Besiedelung der Bereiche um den Burgberg (um 3000 v. Chr. hatte sich bereits eine richtige Stadt entwickelt). Die Handelsbeziehungen reichten über das Meer nach Südfrankreich, Nordafrika und an die Dalmatinische Küste. Jeder benötigte den scharfen Obsidian und auf der Insel gab es den besten.

Saal 3 widmet sich dem späten **Neolithikum**, als auf dem Burgberg Kupfer verhüttet wurde (wie Schlackefunde zeigen). Das Jahr 2500 v. Chr. in Saal 4 belegt mit Keramiken aus dem osmanischen Raum nochmals die weiten Handelswege. Saal 5 widmet sich dem Beginn der **Bronzezeit**, nun waren alle äolischen Inseln besiedelt und die Bewohner profitierten vom Metallhandel zwischen Sizilien und dem Festland. Erstmals hat die Wissenschaft auch einer äolischen Kultur einen Namen zugeordnet: „Capo-Graziano-Kultur". Es bestanden wohl relativ enge Beziehungen zum griechischen Festland und den dort entstandenen Bronzezeitkulturen, wie sich beim Vergleich der Bauweisen äolischer und frühkykladischer Hütten erwies. Interessanterweise hat diese Kultur einen umgekehrten Weg genommen als ihr Vorgänger. Zuerst besiedelte sie die Flächen um den Burgberg und erst später diesen selbst.

024li-fk

Saal 6 zeigt die Artefakte, die um 1600 v. Chr. auf dem Burgberg benutzt wurden, darunter mykenische Keramik mit ägäischen Mustern. Saal 7 – nun im Erdgeschoss – stellt Gegenstände aus Bronze aus (15.–9. Jh. v. Chr.). In dieser Zeit nehmen die hellenischen Einflüsse ab, der italische Einfluss des Festlandes wird stärker. In Saal 8 hat sich die Keramik wieder gewandelt, ihr Muster ist geometrisch geworden, ihre Herkunft nicht mehr griechisch, sondern sardisch – die Handelsströme hatten sich verlagert und versiegten schließlich völlig. Im 9. Jh. v. Chr. kam es aus unbekannter Ursache zur Zerstörung Liparis, aus Brandrückständen rekonstruierte man die in Saal 9 aufbewahrten Vasen. Bis zum 6. Jh. v. Chr. blieb

Amphoren im Archäologischen Museum

die Insel unbewohnt, dann siedelten sich Neuankömmlinge aus Kleinasien an – Kolonisten aus Knidos (Saal 10). Von Saal 10 aus gelangt man in den Garten und den Inschriftensaal (Epigraphik) mit Stelen und Grabsteinen aus dem 4. bis 1. Jh. v. Chr.

Das Gebäude auf der anderen Seite des Doms entstand in den 1920er-Jahren als Internierungsgebäude für Antifaschisten. Die Säle 16, 17 und 18 beschäftigen sich mit den am Milazzese-Kap auf Panarea gefundenen **Nekropolen** (14. bis 7. Jh. v. Chr.), die teilweise rekonstruiert sind und Aschetöpfe und -urnen in ihrer ursprünglichen Situation zeigen. Im großen Saal 27 stapeln und türmen sich die Amphoren der meeresarchäologischen Sammlung zu Hunderten. Seit es Schifffahrt rund um die Äolen gibt, sind in den nicht ungefährlichen Gewässern viele Boote gesunken. Nicht umsonst lebte hier in der Sagenwelt der unberechenbare **Äolus, der Windgott**, und bei Messina haben die Ungeheuer Skylla und Charybdis sich gegenüber hockend eine Meerenge bewacht und die vorbeifahrenden Schiffsleute in den Tod gerissen. In den Sälen 19 und 20 sind die Funde aus den Nekropolen von Lìpari untergebracht, vornehmlich vom Grabungsfeld der archäologischen Zone von Diana. In 700 Jahren waren über 2500 Gräber entstanden.

In der ersten Etage wird es filigraner. In Saal 21 ist die Keramik der Grabbeigaben aus dem 6. bis Ende des 5. Jh. v. Chr. höchst fein bemalt. Schalen, Fläschchen für Parfüm und Salben und Vasen zeigen unterhaltsame Szenen aus der Sagenwelt und des alltäglichen Lebens. In Saal 22 gibt es Funde aus dem 4. Jh., darunter auch mit leicht anzüglichen Sujets des Aphrodite-Kults.

Dann kommt der Höhepunkt: In Saal 23 stehen die Vitrinen mit den als Grabbeigaben gefundenen **Theatermasken** aus Terrakotta. Nur wenige Zentimeter hoch sind sie und man muss sein Gesicht nah ans Glas bringen, um alle Details zu würdigen. Dass man so viele Stücke dieser Art an einem Siedlungsplatz gefunden hat, ist unüblich. Man nimmt an, dass im Lìpari des 5. und 4. Jh. v. Chr. der Dionysos-Kult besonders gepflegt wurde – man war kurz gesagt den Sinnesfreuden, dem Wein und dem Theater besonders zugetan. Viele der Masken sind sogar bestimmten Schauspielen zuzuordnen, so den Stücken „König Ödipus“ von Sophokles, „Die Frauen im Parlament“ von Aristophanes oder „Die Trojanerinnen“ von Euripides. Jedem Grab waren übrigens immer nur Masken aus einem Stück beigegeben.

Zum Abschluss kann man die Grabbeigaben aus der ersten Hälfte des 3. Jh. v. Chr. anschauen (Saal 24), als die **Karthager** die Inseln als Stützpunkt in ihrem Krieg gegen Rom nutzten, den Nachbau einer Nekropole aus dem 4. Jh. v. Chr. in Saal 25 und schließlich im Obergeschoss die Sammlung zum **antiken Rom** und zum **Mittelalter** auf Lìpari.

Dem Bischofspalast gegenüber befinden sich in zwei Gebäuden die Abteilungen des Museums für Vulkanologie und Prähistorie der kleineren Inseln. Beide Ausstellungen sind wegen Umstrukturierungsmaßnahmen **bis auf Weiteres geschlossen.**

› Via del Castello, Tel. 090 9880174, www.regione.sicilia.it/beniculturali/museolipari, Eintritt: 6 €, bis 25 Jahre 3 €, bis 18 Jahre frei (jeden 1. So/Monat frei), im Sommer tgl. 9–13.30, 16–19, im Winter Mo.–Sa. 9–13.30, 15–18.30, So 9–13.30 Uhr (Kassenschluss 1 Std. vorher)

Karte siehe S. 144

18 Duomo ★★★ [G6]

Der Dom ist Konkathedrale des Bistums Messina-Lìpari Santa Lucia del Mela. Sein Inneres beeindruckt mit lichtem Barockstuck und fein bemalten Kreuzgewölben.

Blickt man vom Meer auf den Dom, wirkt er zwar wenig imponierend (die Rückseite des Blendgiebels macht die Kirche kleiner als sie ist), innen belehrt er einen aber eines Besseren. 1084 gründeten **Benediktiner** am Burgberg unter dem sizilianischen Herrscher Roger I. die Abtei zu Ehren des Märtyrers San Bartolomeo. 1094 gelangte die gesamte Insel in Abteibesitz und 1131 (Baujahr des heutigen Kreuzgangs) erhob Papst Anaklet II. das Gebiet zum **Bistum.**

1544 zerstörten Piraten Kirche und Kloster (nur der Kreuzgang widerstand in Teilen). Als Folge befestigten die spanischen Herrscher den Burgberg mit den heute noch erhaltenen Wällen. 1664 hatte man ein neues, einschiffiges Gotteshaus mit einem Tonnengewölbe fertiggestellt. 1755 errichtete man den Glockenturm und 1772 vergrößerte man die Kirche zur **Basilika** mit Seitenschiffen, Kreuzgewölbe (mit Freskenbemalung) und geschweiftem Blendgiebel. 1859 schlug in den Giebel der Blitz ein und brachte ihn zum Einsturz, bis 1861 entstand er neu. 1986 verlor Lìpari im Zuge einer kirchlichen Verwaltungsreform seine Eigenständigkeit als Bistum.

Den **Kreuzgang** betritt man aus dem Kircheninneren. Durch die Erweiterung der Kirche war er noch in den 1970er-Jahren teilüberbaut und durch Erdbeben verschüttet. Ein aufmerksamer Beobachter entdeckte schließlich 1978 im Gemäuer einige Kapitelle und alarmierte die Behörden. Die Sensation war perfekt. Man fand einen normannischen Kreuzgang der Regentschaft Rogers II. aus dem 12. Jh. mit außerordentlichem Figurenschmuck aus Tieren und mythischen Gestalten. Die Säulen stammen teilweise von antiken römischen Bauten des Burgbergs, teils wurden sie im Mittelalter neu gehauen.

Man kann froh sein, dass **San Bartolomeo** in dezentem Silber auf dem Nebenaltar steht. Häufig ist seine Abbildung mit Haut in der einen und Messer (mit dem man diese abgezo-

026li-fk

Die Kathedrale von Lìpari

gen hatte) in der anderen Hand wesentlich plastischer. Noch wertvoller als die Silberstatue ist das *vascello* („Schiff"), das ein Stück echter Haut San Bartolomeos bergen soll. Es besteht aus 30 kg Silber und 2 kg Gold. Geschaffen wurde es im 20. Jh., um die Reliquie zu bewahren, die ein Torpedoboot der italienischen Marine am 22. August 1926 nach Lìpari gebracht hatte – ein Geschenk des Bistums von Venedig, das seit dem Mittelalter einige Körperteile des San Bartolomeo hütet. Jedes Jahr am 24. August (dem Namenstag des Heiligen), am 13. Februar (als sein Sarg angespült wurde) und am 5. März sowie 16. November (an denen er Wunder vollbracht und die Äolen vor Pest und Erdbeben bewahrt haben soll), wird das Schiff der Statue bei einer Prozession durch die Stadt vorangetragen.

› Via del Castello, Eintritt: Dom frei, Kreuzgang 2 €, 9–14 Uhr

19 Canneto und seine Strände ★★ [G5]

Die zweitgrößte Inselstadt mit niedrigen Häuschen und hellem Kieselstrand, die sich entlang einer halbmondförmigen Bucht zieht, ist durchaus eine Badealternative zur Marina Lunga.

Durch den Tunnel unterhalb des Monte Rosa ist es ein Kilometer zur Nachbarbucht Lìparis im Norden (zwei Kilometer, wenn man über den Berg fährt). 1,5 km ist der Lungomare Marina Garibaldi dort lang und nur eine weitere Straße verläuft parallel zum Meer (die Via Cesare Battisti) – verirren kann man sich in Canneto nicht. Auf den Strand mit seinen groben Kieseln sind nur ab und an Boote gezogen, ansonsten bestimmen Sonnenschirme und Liegen das Bild. Kleine Pensionen und B&B-Betriebe vermieten Zimmer, Ferienwohnungen und Zeltplätze sind ebenso im Angebot. Das Urlaubsleben verläuft in ruhigen Bahnen, nur einige Cafébars und Restaurants verteilen sich dezent entlang des Ufers, in der Ferne sind Panarea und Stromboli zu sehen. Etwa 1500 Menschen leben ständig in Canneto, im Hochsommer kann die Bevölkerung aber schon mal auf 3000 Seelen anwachsen. Da die meisten aber in Ferienwohnungen leben und selbst kochen, wird es in den Lokalen nicht zu voll.

Das einzig historische bedeutendere Gebäude ist die **Pfarrkirche San Cristoforo** etwa in der Mitte des Lungomare am Hauptplatz. Papst Johannes Paul II. hat sie im Jahr 2004 zur Basilica Minor erhoben. 1596 wurde hier an der in jener Zeit sogenannten Baia della Calandra eine kleine Kirche errichtet. Der damalige Bischof Lìparis wollte mit dem Bau ein Zeichen setzten und Menschen zur Ansiedlung in der bis dahin häufig von Piraten aufgesuchten Bucht animieren. Natürlich standen dahinter auch Geschäftsinteressen. Die Abbaugebiete für Obsidian und Bimsstein lagen nördlich und der Transportweg nach Lìpari musste geschützt werden. Zu Beginn des 19. Jh. leistete man sich einen Neubau. Die heutige Innenausstattung geht auf die 1950er-Jahre zurück.

Nördlich von Canneto reihen sich einige der schönsten und beliebtesten Strände auf. Die Bucht schließt mit der Spiaggia Calandra ab. Hier heißt es in Kehren hochfahren und den Schildern Richtung Aquacalda folgen. An der Punta di Sparanello (Bushaltestelle) führt eine Treppe hinunter zur **Spiaggia della Papesca**, die

027li-fk

im südlichen Bereich unbewirtschaftet ist. Im nördlichen Abschnitt kann man sich Schirme und Liegen mieten, vor sich hat man das Meer und hinter sich pittoreske Ruinen – natürlich mit einer Strandbar. 200 m weiter auf der Fahrstraße weist an einem Transformatorenblock nochmals ein Schild auf die Spiaggia hin (auch hier gibt es eine Treppe).

Nach 500 m führt an einem Schild mit der Aufschrift „White" ein breiter unbefestigter Fußweg (Hohlweg) zum Meer (250 m). Der Weg gleißt weiß, der kleine Strand zeigt sich aber in eher grauem Kleid mit schwarzem Sand. Auch die **Spiaggia Bianca** ist bewirtschaftet und Ruinen verweisen darauf, dass sich ein Großteil der Bevölkerung einmal mit dem Abbau von Bimsstein beschäftigte. 500 m weiter kann man sich in einer Linkskurve am **Aussichtspunkt vom Capo Rosso** nochmal einen Überblick über die Küste und die Baia della Calandra verschaffen.

Die Straße führt nun wieder langsam bergab und schließlich zu den 2007 zwangsweise aufgelassenen Bimssteinwerken bei Porticello und mitten durch sie hindurch. Die UNESCO hatte – nach jahrelangem Lavieren der Liparischen Behörden – ernsthaft klar gemacht, dass die Äolen ihren Welterbestatus verlören, wenn die Werke nicht schlössen. Hinter den Werken geht es auf einer Fahrstraße Richtung Meer hinunter zum netten **Baffo Beach** (mit kleinem Lokal) und unter dem Transportband der Beladungsmole durch zu einem der angesagtesten Strände Lìparis, **Havanna Beach:** ganz schmal mit weißem Feinkies und grauem Sand, flachem, türkisfarbenem Wasser, Beach-Bar und einer Menge Jachten.

Am einem der Strände von Canneto

20 Acquacalda ★ [F4]

Das durchsichtige Wasser vor Augen, den schwarzen Kies unter den Füßen, in der Ferne Panarea und am langen Strand fast keine Besucher – Acquacalda ist ideal für Ruhesuchende.

Fährt man von Canneto nach Acquacalda, passiert man die **Punta della Castagna**, den nordöstlichsten Punkt der Insel mit **ausgezeichneten Tauchgründen.** Westlich der Punta erstreckt sich bis zur Felsgruppe Scoglio dei Monaci ein 350 m langer, grobkiesiger Strand, den man

Zwei ungleiche Brüder – Bims und Obsidian

Auch wenn man es ihnen nicht ansieht, der poröse, raue Bimsstein und der spiegelglatte, glasscharfe Obsidian haben dieselben „Eltern". Nur Luft unterscheidet sie. Beide entstehen aus Lava, nur einmal wird diese durch Wasserdampf und Kohlendioxid aufgeschäumt, das andermal findet die Erkaltung ohne Gaseinschlüsse statt. Etwa ein Viertel Lìparis ist von einer bis zu 200 m dicken Bimssteinschicht bedeckt, wozu der letzte Ausbruch des Monte Pilato im 6. Jh. einen nicht unbeträchtlichen Teil beitrug. In seiner Folge entstand auch der Obisidanstrom Rocche Rosse, der beim Capo Rosso ins Meer floss – damals in schönstem, namensgebendem Rot, heute jedoch findet man dort nur noch schwarzen Obsidian.

Die vielen Poren des Bims lassen ihn aufschwimmen, bis sie sich mit Wasser füllen (was einige Zeit dauert) und den Bims wieder „ehrlich machen" – er sinkt wie ein Stein. Die raue Oberfläche hat ihn von jeher für bestimmte Verwendungen prädestiniert. Wo immer poliert oder geglättet werden musste, ohne Bimsstein ging nichts. Auch heute noch verwendet der Zahnarzt in der Prothetik Bimsstein, Hornhaut wird damit beschliffen oder er sorgt in der Mode für den echten „stone washed look" bei Jeans. Auch Gärtnereien benutzen ihn gern (um Böden besser zu durchlüften oder die Wasseraufnahme zu verbessern) und Architekten wissen sein geringes Gewicht bei der Herstellung von Leichtbeton zu schätzen.

Dem Bimsstein Lìparis wurde von jeher die weltbeste Qualität attestiert, weswegen in der Hochzeit des Abbaus die Bimssteinwerke der größte Arbeitgeber waren. Hunderte Menschen waren mit der Schürfung und Konfektionierung zu Gebinden verschiedenster Korngrößen beschäftigt (nicht wenige litten an Staublunge, für deren Krankheitsbild sich der Begriff der „Liparose" eingebürgert hat).

Auch als Baumaterial fand Bimsstein überaus prominente Verwendung: Die Konstruktion der Kuppel der Hagia Sophia Istanbuls war zur damaligen Zeit nur möglich, weil man statisch belastbare, aber eben sehr leichte Bimssteinblöcke von den Äolen verwendete.

Obsidian war aber der Stein, der das Lìpari der ersten Siedlungsjahre vor mehr als 6000 Jahren reich gemacht hat. Das glasartige Gestein konnte mit genug Wissen und Geschick in klingenförmige Splitter gehauen werden, die mit ihren messerscharfen Kanten als hervorragende Schneidwerkzeuge dienten. In den gesamten Mittelmeerraum lieferten die Inselbewohner ihren Obsidian und erhielten im Gegenzug Waren, die sie selbst nicht herstellen konnten.

sich über die Bimssteinfelder schwierig erklettern müsste (den man dann aber auch mehr oder weniger für sich allein hat – wenn keine Boote davor ankern). In mehreren engen Kehren führt die Straße hinter dem Scoglio hinunter ans Meer.

Die Nordküste Lìparis ist rauer als der Rest der Insel, das Meer schon ungestümer, die leichte Brise im Sommer reine Erholung, der heulende Wind im Winter eine Plage. **Acquacalda** – das „warme Wasser" – entstand als Bergarbeitersiedlung, wovon das von Wohnhäuschen gerahmte Bimssteinwerk noch kündet. Seinen Namen hat der Ort aus der Antike, als es eine (inzwischen versiegte) Thermalquelle gab. Eine Häuserkette auf der einen Seite der Straße, die Ufermauer mit Strand auf der anderen, zwei, drei Liegestuhlvermieter, zwei Unterkünfte, zwei Kneipen, Ruinen und hübsch hergerichtete Häuschen im Wechsel – das war's. Wer mit Wackersteinen und gröberem Kies zufrieden ist und kein Nachtleben oder andere Ablenkungen will, hat hier sein Paradies gefunden.

21 Chiesa Vecchia ★★ [F4]

Die Chiesa Vecchia ist eine der charmantesten und ältesten Kirchen auf der Insel – mit einem fantastischen Blick auf Salina von ihrem Vorplatz.

Von Acquacalda geht es wieder vom Meer weg und immer weiter hinauf Richtung Quattropani, bis nach 3,5 km ein mit Geländer gesicherter **Aussichtspunkt** mit Kiosk kommt. Hier kann man aus 250 m Höhe schon mal auf Salina, Filicudi und Alicudi blicken und dabei seinen Durst löschen (auch für den Sonnenuntergang und einen Aperitif kein schlechter Platz). 1 km hinter dem Kiosk und auf 300 m Höhe hat man die fruchtbare Hochebene mit dem Örtchen **Quattropani** erreicht, einst ein bevorzugtes Siedlungsgebiet. 1 km hinter dem Ortschild zeigt ein Wegweiser nach links Richtung „Santuario Chiesa Vecchia", dem man folgt. An Ferienvillen vorbei gelangt man auf ein schmaleres Sträßlein und achte auf die Schilder, die mehrfach die Richtung klarmachen.

Schließlich gelangt man an die weite, für den Verkehr gesperrte Piazza, an deren Ende auf 350 m Höhe das verblüffend kleine Gotteshaus steht – **Chiesa della Madonna Santissima della Catena** („Madonna der Kette"). Weiß gekalkt unter blauem Himmel und vor dem Grün Salinas herrscht hier oben feierliche Stimmung. Das Heiligtum ist einer der wichtigsten Kultorte des Archipels. Der Name geht auf Maria als Beschützerin und Fürbitterin der Geknechteten bzw. Versklavten („Geketteten") zurück. Sie war in einer Zeit andauernder Piratenüberfälle und Verschleppungen von besonderer Bedeutung. Der ursprüngliche Bau stammt aus dem Jahr 1558, eine deutlich am Baukörper sichtbare Erweiterung fand ein knappes Jahrhundert später statt. Ihre Jahreszahl ist am mittleren Türstock eingeritzt: 1646.

Ursprünglich war die Kirche einschiffig, sie erhielt asymmetrisch ein zweites Schiff und über dem alten Chor eine Kuppel. Tritt man nach draußen, sieht man – als Bauweise ganz unüblich – die seitlich versetzte und nur von außen zugängliche Krypta. Außer Vulcano ist von hier oben der gesamte äolische Archipel zu überblicken.

Besonders vom 29. Aug. bis zum 8. Sept. ist die Kirche ein oft besuchtes Pilgerziel, die eigentliche Prozession findet aber in der Nacht vom 7. zum 8. Sept. statt. Jedes Dorf schickt eine Abordnung zur neuen Kirche von Quattropani und am frühen Morgen, nach einer Nacht voller Gebete, wird gemeinsam zur Chiesa Vecchia gepilgert, um dort die Morgenandacht zu zelebrieren – wenn sich in der frühesten Sonne der Himmel blutrot färbt ein einzigartiges Schauspiel. Ein mindestens ebenso bewegendes Panorama bietet sich demjenigen, der von hier oben die Sonne untergehen sieht. Zwischen Alicudi und Filicudi auf der einen und Salina auf der anderen Seite verabschiedet sich das Tagesgestirn mit feuerroter Aura ins Meer.

› Via Santuario, Quattropani, 8–18 Uhr

22 San Calogero ★★ [E5]

Die einzige Thermalanlage Lìparis ist schon lange außer Betrieb – dafür darf sie sich aber auch das älteste Wellnesscenter des mediterranen Raumes nennen.

In Pianoconte, der eher unattraktiven Streusiedlung des Südwestens, achte man (bei der Bar-Pizzeria Al Bivio) auf den Abzweig nach San Calogero. Nach 2 km auf der Stichstraße gelangt man zu dem – zumindest von außen – ordentlich hergerichteten Gebäude der Thermenanlage.

Unterhalb der seit bald 50 Jahren geschlossenen Thermaleinrichtung und an deren Fundamente geschmiegt hat man im **Parco Terme San Calogero** ein einzigartiges Badegebäude entdeckt. Mit den in der Umgebung gefundenen Artefakten konnte es auf das 15. Jh. v. Chr. datiert werden. In der Form eines Tholos (Rundgebäude) mit einem Kraggewölbe aus quadratischen Steinen ist es

MEIN TIPP

Auf alten Pfaden

Zwischen San Calogero und der Cave di Caolino gibt es uralte Verbindungswege. Da die Pfade recht schmal sind und teilweise auch immer wieder wegrutschen, unternimmt man die Wanderung am besten geführt. Der Verein Nesos (s. S. 48 und S. 105) in Lìpari-Stadt bietet regelmäßige Exkursionen an.

das einzige mykenische Architekturbeispiel, das jemals außerhalb Griechenlands aufgespürt werden konnte. Sowohl griechische Kolonisten als auch die Römer der Antike nutzten die Einrichtung zur Kur und hinterließen weitere Bauten.

Den Bau der „modernen" Thermaleinrichtung hatte man 1865 begonnen und 1872 wurden die ersten Gäste empfangen. Doch man besaß zu keinem Zeitpunkt die Möglichkeit, Gäste mit Speisen zu bewirten oder über Nacht unterzubringen und man hatte nur Juni bis Sept. geöffnet. Bereits im 19. Jh. gingen diverse Betreiber regelmäßig Pleite. Auch nach 1945 konnte man nicht kostendeckend arbeiten. 1975 schloss das Bad endgültig. Da auch die 50 bis 60 °C warme Quelle nicht mehr ausreichend Wasser für die Speisung eines Thermalbads lieferte, wurde es nie wieder eröffnet.

› Via San Calogero, Tel. 3396884161, Eintritt: Archäologische Zone frei, Ausstellung 5 €, Juni–Sept. Mo–Sa 10–18 Uhr

Der berühmteste Aussichtspunkt auf Lìpari: der Belvedere di Quattrocchi

■ Karte siehe S. 144

23 Belvedere di Quattrocchi ★★★ [F6]

Kein Panorama auf Lìpari wird häufiger fotografiert oder gemalt. Die schroffen Felsen, das Grün und das Blau, der Himmel, das Wasser und die Boote leuchten nirgends so wie hier.

Die **Steilküste** des Südwestens gehört zu den schönsten Stellen der Insel. Der Blick fällt auf das blaue Meer, im Hintergrund ist Vulcano zu sehen und vor der Spiaggia Valle Muria ankern die Jachten. Kleine **Felsspitzen** ragen aus dem Wasser, Gipfel unterseeischer Felsen im hier 50 m tiefen Meer, die alle einen Namen tragen: Die beiden Le Forniche (einer davon deutet sich mit weißer Gischt nur an), die 60 m hohe Pietra Lunga und die Pietra Menalda mit 28 m Höhe. Und schließlich ist da das Felskap **Punta del Perciato**, dessen Tordurchbruch „La Grotta degli Angeli" schon immer Anlass für vielerlei Geschichten war.

Die **Spiaggia Valle Muria** gilt vielen als einer der schönsten Strände und ein schmaler Fußweg führt auch hinunter, doch hat ein von einem kleinen Erdbeben ausgelöster Erdrutsch 2011 die Steinschlaggefahr erhöht, sodass die zuständige Capitaneria di Porto in Lìpari-Stadt den **Zutritt zum Strand verboten** hat. Allerdings hat sich daran keiner gehalten. Steinschläge kommen eher im südlichen Bereich des Strands vor. Auf alle Fälle hält man sich hier **auf eigene Gefahr** auf. Der Pfad beginnt an einer Stichstraße, die 500 vom Aussichtspunkt Richtung Lìpari rechts abzweigt. Nach weiteren 500 m auf dieser kommt man zum Beginn des Pfads, der erst an ein paar Häusern vorbei hinunter zum Strand führt (500 m Fußweg). Wer mit einem Boot unterwegs ist, biegt noch um die Punta del Perciato und gelangt an den zu Fuß nur ohne Weg zugänglichen Strand **Sponda di Vinci**, der bei Einheimischen ebenfalls sehr beliebt ist.

028li-fk

Inselrundfahrt Lìpari

Man startet mit Auto oder Roller in **Lìpari-Stadt** (15) an der Anlegestelle der Aliscafi und fährt die Marina Lunga entlang nach Norden. Nach 1,5 km muss man sich entscheiden, ob man den kurzen Weg nach **Canneto** (19) durch den Tunnel unter dem Monte Rosa nimmt oder über den Bergrücken fährt. Die schönsten Strände Cannetos liegen nördlich unterhalb der Fahrstraße in den Buchten, die man nur zu Fuß erreicht.

Durch die Anlagen der ehemaligen Bimssteinindustrie hindurch erreicht man wieder das Meer und **Acquacalda** (20). Dahinter heißt es, das Ufer für den Rest der Fahrt entlang der Westseite der Insel zu verlassen. Die Straße verläuft ab hier hoch über dem Wasser – der Ausblick entschädigt dafür. Nächste Station ist das Heiligtum **Chiesa Vecchia** (21) (über eine Stichstraße in Quattropani erreichbar).

1,3 km vom Abzweig zur Kirche in Richtung Lìpari kann man einen Abstecher zu den **Cave di Caolino** unternehmen. In einer Linkskurve geht es rechts ab in die Via Caolino (Schild: „Cave di Caolino"). Gleich nach dem Weingut Tenuta di Castellaro (s. S. 55) kommt der Parkplatz, von dem aus man in 5 Min. zu Fuß einen Infopunkt erreicht (Juni–Sept. sind kostenlose, 15-minütige Führungen durch den Steinbruch möglich). Man nimmt den breiten „Hohlweg" leicht bergan und bestaunt die Gesteinsschichten, deren Farbpalette von Weiß über Gelb und Ocker bis Tiefrot und Schwarz reicht.

Nächstes Ziel ist **Varesana,** ein Ortsteil der Streusiedlung Pianoconte. Hier achte man auf ein unscheinbares Schild rechter Hand („Monte Sant'Angelo"), nehme dort die bergan führende Fahrstraße und biege nach 50 m links ab. Durch den wenig attraktiven Ort geht es auf schmalem Betonsträßlein nach oben, dann durch die **Macchia,** die typische mediterrane Buschvegetation, und schließlich unter Bäumen entlang.

Nach gut einem Kilometer ist man am Solarkraftwerk angekommen (auf dem Gelände einer ehemaligen Großzisterne) und fährt an diesem vorbei auf nun sehr schlechtem Weg nochmals 1200 m weiter nach oben zu den Funkeinrichtungen am **Monte Sant'Angelo** auf 594 m. Von hier blickt man auf Lìpari-Stadt, den Monte Guardia im Süden und dahinter direkt in den Krater der Nachbarinsel Vulcano. Im Westen liegen Salina, Filicudi und Alicudi, im Norden Panarea und ganz in der Ferne Stromboli.

Strände

- **Acquacalda** <036> GPS 38.519468, 14.945395: grobe Wackersteine, klares Wasser und einige Schirm- und Liegenverleiher. Vielleicht der ruhigste Platz zum Baden.
- **Baffo Beach/Havanna Beach** <037> GPS 38.514839, 14.960697: im ehemaligen Industriegebiet des Bimsabbaus. Wackersteine, schwarzer Sand, Schirmverleih und kleines Lokal im nördlichen Bereich – weißer Bimsstein, Sand, Schirmverleih und angesagte Bar im südlichen Bereich.
- **Bianca** <038> GPS 38.501750, 14.962832: Bar, Schirmverleih und feinerer Kies mit Sandanteilen zwischen Canneto und Porticello.
- **Canneto/Lungomare** <039> GPS 38.492808, 14.962063: der Hausstrand von Lìpari-Stadt und Canneto mit

Karte siehe S. 144

Wieder unten an der SP179 kommt man (nach einem vierten Abstecher zu den Termen von **San Calogero** ㉒) zum berühmtesten Aussichtspunkt auf der Insel, dem **Belevedere di Quattrocchi** ㉓. Nun fährt man hinunter und nach **Lìpari-Stadt** hinein, nimmt die Via Giuseppe Franza nach rechts und biegt gleich in die Via Giuseppe Rizzo erneut rechts ab. Ihren Kurven folgt man 3 km nach Süden, biegt an der Via San Salvatore rechts ab, nach 600 m erneut nach rechts und steht nach 300 m vor dem **Osservatorio San Salvatore** – dem „Semaforo". Von dem Beobachtungszentrum aus haben Geophysiker die vulkanische Tätigkeit der Nachbarinsel kontrolliert. 1967 hatte man begonnen, die seismologische Tätigkeit der Inseln systematisch zu überwachen und dafür ein System von Beobachtungsstationen eingerichtet, die die Daten in die Zentrale nach Catania übermitteln.

Beim Rückweg achte man rechter Hand auf ein kleines Holzschild (es steht genau 2 km vom Observatorium). Es weist den Weg hinunter ans Wasser zur schönen **Praia Ferrante** (500 m Fußweg) mit Wackersteinen und türkisfarbenem Meer.

grobem Kies und über 1,5 km Länge. Diverse Schirm- und Liegenvermieter.

› **Della Papesca/Ex-Spiagge Bianche** <040> GPS 38.498361, 14. 961624: mehrere Kiesabschnitte hintereinander mit Bars und Schirmverleih nördlich von Canneto. Bucht-Feeling mit grünen Hängen und Felsen im Rücken.

› **Portinente/Porto delle Genti** <041> (GPS 38.459827, 14.956218: Strand mit zwei kleinen Abschnitten auf Stadtgebiet südlich der Marina Corta beim Hotel Rocce Azzurre und 100 m südlich davon. Grober Kies, häufig überfüllt, keine Serviceeinrichtungen.

› **Praia Ferrante** <042> GPS 38.450814, 14.960768: kleine und (noch) fast unbekannte Bucht mit Wackersteinen auf dem Weg zum Osservatorio. Keine Einrichtungen und (fast) nur Badende aus den Villen der Umgebung.

› **Spiaggia del Gabbiano** <043> GPS 38.522616, 14.956510: an der Nordostküste und ohne Möglichkeit, den Strand zu Fuß zu errreichen. Keine Infrastruktur, dafür aber herrliches Baden. Am besten lässt man sich mit Proviantkorb in der Früh von Lìpari oder Canneto hinschippern und am Nachmittag wieder abholen – Schnorchel nicht vergessen.

› **Sponda di Vinci** <044> GPS 38.440980, 14.952066: südlichste Badebucht mit Wackersteinen, Sand und Einsamkeit. Wer hierher will, muss entweder klettern oder mit dem Boot kommen. Ab und an wird sogar ein Kiosk aufgebaut.

› **Valle Muria** <045> GPS 38.458543, 14.935466: Wer hinuntergeht, muss auf Steinschlag achten (und prüfen, ob der Strand nicht gerade gesperrt ist). Keine Einrichtungen, grobe Steine, Kiesel und ein bisschen Sand. Der Boden ist schwarz, das Meer kristallklar und man hat steile Felsen im Rücken.

Infos und Reisetipps

- **Ufficio Turistico Lìpari-Stadt** <046> Via Maurolico 17, Tel. 090 9880095, Mo–Fr 9–13, Mi, Fr auch 16–18 Uhr
- **Apotheke/Farmacia Sparacino** <047> Corso Vittorio Emanuele II 176, Lìpari-Stadt, Tel. 090 9811392
- **Post/Ufficio Postale Lìpari-Stadt** <048> Corso Vittorio Emanuele II 68, Mo–Fr 8.20–19.05, Sa 8.20–12.35 Uhr

- **Anlegestelle Siremar-Fähre aus Napoli/Milazzo** <049> Lìpari/Porto Sottomonastero
- **Anlegestelle Aliscafi** <050> Lìpari/Porto Sottomonastero
- **Siremar/Liberty Lines/Snav** <051> Porto Sottomonastero (Bungalowgebäude am Fähranleger), Lìpari-Stadt, 30 Min. vor der ersten Fahrt bis zur letzten Abfahrt
- **Gepäckaufbewahrung/Deposito Bagagli „da Luigi"** <052> Via Amendola (gegenüber der Anlegestelle der Aliscafi), Lìpari-Stadt, Sommer tgl. 7–20 Uhr. 5 €/Gepäckstück/Tag
- › **Hoteltransfers:** Die meisten Hotels bieten tagsüber und am späteren Abend einen Shuttle vom Fährhafen und von der Marina Corta.
- › **Urso-Busverkehr,** Tel. 090 9811026, www.ursobus.com. Innerstädtisch 7 €/6 Fahrten, 10,50 €/10 Fahrten, 20,50 €/20 Fahrten; außerstädtisch 10 €/6 Fahrten, 14 €/10 Fahrten, 28 €/20 Fahrten; Rückfahrkarte Spiaggia Bianca 2,10 €, Acquacalda 2,60 €, jeweils hin und zurück. Keine Inselrundfahrt mit Linienbussen möglich, da eine Linie in Quattropani endet, die andere in Acquacalda. Bis zu zwölf Fahrten täglich (Lìpari-Hafen – Quattrocchi – Pianoconte – Quattropani, Lìpari-Hafen – Canneto – Porticello – Acquacalda), zusätzlicher Dienst zur Spiaggia Valle Muria, Sa leicht eingeschränkter Service, außerhalb der Saison So Wegfall zahlreicher Verbindungen. Im Sommer ein- bis zweimal am Tag Inselrundfahrten mit Charterbussen. Tickets am kleinen Kiosk im Hafen (wo die Busse auch halten) oder im Bus.
- › **Strandservice/Taxi Barca,** Amici delle Eolie, Via Vittorio Emanuele II, Lìpari-Stadt, Tel. 3381584128, www.amicidelleeolie.it. Im Sommer Bring- und Holservice zu/von den schönsten Stränden, die man anders nicht erreicht. Nur nach Voranmeldung.
- › **Strandservice/Servizio Spiagge,** Motobarche Sonia, Canneto, Tel. 3285887011. Im Sommer Ausflüge zu den nur mit Boot erreichbaren Stränden wie die Spiaggia del Gabbiano.
- **Taxistandplatz (Lìpari-Stadt)** <053> Porto Sottomonastero, auch kurze Stadtfahrten um 10 €, Inselrundfahrt 40–100 €
- **Nesos** <054> Corso Vittorio Emanuele II 24, Tel. 090 9814838, 3315660771, www.nesos.org. Wanderungen mit fachkundiger Begleitung auf allen Inseln (Exkursionen auf Lìpari 15–20 €, andere Inseln etwas mehr plus Fähre).
- › **Fahrzeugverleih („Noleggio"):** Im Sommer müssen die Fahrzeuge mehrere Tage im Voraus gebucht werden. Wochenpreise sind 20 bis 30 % günstiger als die Tagesmiete (gilt nicht für Boote).
- **Noleggio da Bruno** <055> Via Pianoconte 5 (am Ende des Corso), Lìpari-Stadt, Tel. 3687535590, www.bikerentalipari.com, tgl. 9–20 Uhr. Mietpreis pro Tag: Trekkingrad 20 €/Tag, Ebike 25 €/Tag.
- **Noleggio da Luigi** <056> Via Amendola (gegenüber der Anlegestelle der Aliscafi), Lìpari-Stadt, Tel. 3383014344, www.noleggiolipari.it, tgl. 8–20 Uhr. Mietpreis pro Tag: Pedelec 20–25 €, Vespa 20–50 €, Quad 30–80 €, Auto 30–100 €, Boot 80–300 €.
- › **Noleggio Nautic Center** <057> Via Marina Garibaldi 125, Canneto, Tel. 090 9811656, www.nauticcenter.it, tgl. 9–19.30 Uhr. Mietpreis pro Tag: Vespa 25–60 €, Auto 60–80 €, Boot 150–300 €.

Unterkünfte

Lìpari-Stadt

- › **A'Pinnata** €€€€ <058> Località Pignataro, Marina Lunga, Tel. 090 9811697, http://pinnata.it, April–Okt. Die vielleicht exklusivste Position der Insel, am anderen Ende der Marina Lunga dem

Burgberg direkt gegenüber und erhöht am Hang in ruhiger Einzellage – was aber seinen Preis hat. Boutiquehotel mit zwölf Zimmern, Frühstücksangebot und Barservice, aber ohne Restaurant, dafür mit Shuttleservice zu den Restaurants der Hotelgruppe (Filippino und E Pulera).

› **Borgo Eolie** €€-€€€ <059> Contrada Mendolita, Tel. 090 9812504, www.borgoeolie.it, Mai–Okt. 15 Min. Fußweg vom Zentrum und 5 Min. von der Spiaggia Porto delle Genti steht die zweistöckige Anlage mit 23 Zimmern jeweils mit eigener Terrasse oder Balkon, mittelgroßem Pool mit Barservice und sehr aufmerksamem und hilfsbereitem Personal. Regelmäßiger Shuttleservice zum Hafen.

■ **Casa Matarazzo** €€ <060> Via Franza 44, Tel. 329 5633375, www.casamatarazzo.it, ganzjährig. Charmantes, einfaches Hotel mit sieben orientalisch angehauchten Zimmern (direkt zur Straße) am südlichen Ende der Altstadt. Die oberen Zimmer sind zu bevorzugen, auch wegen des tollen Blicks über die Stadt.

■ **Casa Vittorio** €€ <061> Vico Sparviero 15, Tel. 090 9811523, www.casavittorio.com, ganzjährig. Moderne, praktisch eingerichtete Zimmer in einem historischen Gebäude (18. Jh.) nur einen Katzensprung von der Marina Corta in der Altstadt. Günstige Preise auch in der Hochsaison, dafür muss man beim Komfort Abstriche machen. Auch Zimmer mit Kochgelegenheit.

› **Hotel Villa Cute** €€€-€€€€ <062> Via Zinzolo 12, Tel. 090 9813453, www.hotelvillacute.it, ganzjährig. 16 elegant eingerichtete Zimmer und Suiten (teils mit Terrasse) in modernem Hotel, um ein Herrenhaus aus dem 19. Jh. herum erbaut. Hanglage mit Pool (mit Barbetrieb), Blick auf Burgberg und Meer und eigener Parkplatz.

■ **Poseidon** €€-€€€ <063> Via Ausonia 7, Tel. 090 9812876, www.hotelposeidonlipari.com, März–Okt. 100 m vom Hafen mitten in der Altstadt gleich um die Ecke des Corso mit 18 komfortablen Zimmern mit Balkon oder Terrasse und einer angenehmen Einrichtung, kleiner Innenhofgarten. Im August eine Woche Mindestaufenthalt (Sa–Sa).

■ **Residence Alberghiero Eolie** €€-€€€ <064> Corso Vittorio Emanuele II 101, Tel. 090 9817047, www.residenceeolie.it, April–Okt. Zwölf Apartments, Suiten und Zimmer im Herzen der Altstadt am Corso, angenehm elegant und modern eingerichtet. Wer lärmempfindlich ist, sollte Zimmer nach hinten wählen. Mittelmäßiges Frühstück.

› **Rocce Azzurre** €€€ <065> Via Maddalena 69, Tel. 090 9813248, www.hotelrocceazzurre.it, April–Okt. Direkt am Wasser gleich südlich der Marina Corta neben dem Stadtstrand Porto delle Genti. Eigene Badeterrasse mit Leitern und Plattformen. Ein Großteil der Zimmer hat Meerblick. Sauber und modern in leicht maritimem Stil eingerichtet.

› **Villa Enrica** €€-€€€ <066> Contrada Serra 11, Tel. 090 9880826, www.

030li-fk

› *Nur frühmorgens ist es so ruhig: Corso Vittorio Emanuele (s. S. 32)*

hotelvillaenricalipari.com, geöffnet April–Okt. Kleines Hotel mit 15 Zimmern oberhalb der Marina Lunga, 15 Gehminuten vom Hafen. Schöne Anlage mit mittelgroßem Panoramapool (unabhängig etwas oberhalb des Hotels gelegen), elegant eingerichteten Zimmern und geschickter Ausnutzung der Hanglage mit mehreren gemütlichen Terrassen mit Sitzmöbeln.

Außerhalb

› **Agriturismo Casa Gialla** €€ <067> Pianoconte, Tel. 3394740902, www.casagialla.it, April–Okt. Acht 2- bis 4-Bett-Zimmer mit Frühstück oder Halbpension (im August obligatorisch). Geschmackvoll und sympathisch eingerichtete Zimmer im äolischen Stil mit Bad und Terrasse, gute Küche (mit eigenem Gemüsegarten, Wein, Kapern und Öl), Bushaltestelle beim Haus. Eigenes kleines Bauernhofmuseum, das stolz die bisherige Geschichte des Hofs beleuchtet. Mindestaufenthalt drei Tage (August sieben Tage).

› **Agriturismo La Dolce Vita** €€ <068> Località Monte Gallina, Tel. 360699772, www.ladolcevitalipari.it, Mai–Okt. 6 km vom Hafen in den Bergen. Vier Zimmer in typischen Gebäuden mit Terrasse und Blickrichtung Innenhof. Mit aufmerksamer Hand eingerichtet und farblich gestaltet. Auf Vorbestellung kann man auch zu Abend essen. Zwei Nächte (August fünf Nächte) Mindestaufenthalt.

› **Agriturismo Tivoli** €€ <069> Via Quartara 17, Quattropani, Tel. 090 9886031, www.agriturismolipari.it, April–Okt. Fünf Zimmer und sechs Apartments (mit Küche) in unvergleichlicher Lage hoch über dem Meer mit Blick auf Salina und Filicudi. Großer landwirtschaftlicher Hof, einfache Einrichtung der Zimmer, Möglichkeit zum Abendessen nach Vorbestellung. Günstigere Kondition für Familien mit Kindern (nicht im Aug.).

› **Al Salvatore** €€ <070> Contrada San Salvatore, südlich von Lìpari-Stadt, Tel. 3358343222, www.facebook.com/BBAlSalvatore, Mai–Okt. Gepflegtes B&B im typischen Stil der Liparen mit drei Zimmern und schattigen Terrassen und Meerblick. Jedes Zimmer mit eigenem Bad, tolles Frühstück, angenehme, hilfsbereite Gastgeber mit guten Tipps.

› **Amarea Beach & Hotel** €€€-€€€€ <071> Via Cesare Battisti 81, Canneto, Tel. 090 9813281, www.hotelamarea.com. Dreisternehotel in zweiter Reihe mit 18 komfortablen Zimmern mit Balkon (teils mit Meerblick) und eigenem Strandabschnitt mit Schirmen und Liegen.

› **Cutimare** €€-€€€ <072> Via Mazzini, Acquacalda, Tel. 090 9821088, www.hotelcutimare.com, Mai–Okt. 30 Zimmer der 4-Sterne-Klasse in erster Reihe am Strand des sehr ruhigen Acquacalda, in der Hochsaison nur mit Halbpension. Wer hier bucht, muss Abgeschiedenheit mögen.

› **La Settima Luna** €€€ <073> Via Cesare Battisti 118, Canneto, Tel. 090 9880350, www.lasettimalunahotel.it, ganzjährig. In Canneto in der zweiten Reihe (direkt hinter der Kirche in der Mitte der Marina Garibaldi). Sieben Zimmer und Suiten der gehobenen Klasse (weiß und edel) teils mit eigenem Balkon, teils mit zwei Bädern.

› **La Villetta** €€€-€€€€ <074> Via Calandra Coste 1, Canneto, Tel. 090 9813000, www.lavilletta.it, März–Mitte Okt. 27 Zimmer und Apartments (1–3 Räume) am nördlichen Ende der Marina Garibaldi, modern und komfortabel eingerichtet, direkt am Strand, Restaurant, kleiner Pool.

› **La Zagara Hotel** €€-€€€ <186> Via Torrente Aurora, Canneto, Tel. 09 09811064, www.lazagara.eu, Mai–Okt. 20 zweckmäßig eingerichtete Zimmer etwas abseits der Uferpromenade in erhöhter Lage mit Blick auf den Stromboli. Tolle

Dachterrasse für den Fernblick und ein überdurchschnittlich gutes Frühstück. Abendessen in Kooperation mit Restaurants am Meer – perfekt für den ruhigen Aufenthalt abseits des Trubels.

› **Villa Maristella** €€ <075> Via Contrada Capistello, südlich Lìpari-Stadt, Tel. 3463657018, http://bebvillamaristella.it, Mai–Okt. B&B mit acht Zimmern oben am Hang, Haus mit Garten und geschmackvoll eingerichteten Gästezimmern (jeweils mit eigener Terrasse) in der Villengegend beim Observatorium. Eher kleines Pensionshotel als familiärer Betrieb.

Essen und Trinken

Lìpari-Stadt

An der Via Vittorio Emanuele II sind vornehmlich Cafés, Bars und Läden für den kleinen Hunger zu finden (auch wenn die Cafés meist Kleinigkeiten servieren und zur Mittagszeit und am Abend Restaurantservice bieten). Die eigentliche Restaurantmeile ist in der und um die Via Garibaldi zur Marina Corta hin. Einige Hotels haben Abmachungen mit Restaurants getroffen, damit die Gäste ein Menü zum Spezialpreis erhalten bzw. einen Rabatt (nachfragen).

- **Chicco Tosto** € <076> Corso Vittorio Emanuele II 237, Tel. 090 9811212, 7–22 Uhr. Hier versammeln sich die Einheimischen auf einen Espresso oder ein Glas Wein und tauschen die Neuigkeiten aus – für viele gibt es hier den besten Kaffee der Insel (selbst geröstet).
- **Da Francesco** €-€€ <077> Marina Corta, Tel. 320 7165458 10–22 Uhr. Die Tische und Stühle auf der Terrasse unterhalb des Burgbergs am äußersten Ende der Piazza sind zweckmäßig. Das Essen, ob Imbiss oder große Tafel, ist aber sehr gut und wird ebenso schnell wie zuvorkommend serviert: Salat, Pizza, Cheeseburger mit Fladenbrot oder Fischteller.
- **E'Pulera** €€€€ <078> Via Isabella Conti Eller Vanicher, Tel. 090 9811158, www.epulera.it, im Sommer tgl. 12–16, 19–23.30 Uhr. Gute süditalienische Küche mit nicht alltäglichen Rezepten

Signora Pina verkauft in ihrem Laden Eingelegtes (Da Pina, s. S. 54)

031li-fk

und Schwergewicht auf Fisch. Angenehmes Sitzen in schöner Gartenanlage mit viel Privatsphäre. Gerichte wie Pasta mit Rucola und Schwertfisch oder Fisch in Orangen-/Zitronensoße als Hauptgericht.

- **Filippino** €€€€ <079> Piazza Municipio, Tel. 090 9811002, www.filippino.it, im Sommer tgl. 12–15, 19.30–23 Uhr. Seit 1910 wird am Rathausplatz das Essen zelebriert und die Spezialitäten der äolischen Küche haben schon diverse Berühmtheiten hier verkostet: Törtchen vom Schwertfisch mit Kapern, Fischröllchen mit Feigenfüllung, Couscous mit Gemüse und Garnelen oder Fischsuppe nach Omas Art. Große schattige Terrasse und angenehmes Personal, das perfekt bedient, ohne steif zu sein.
- **Fiore del Cappero** €€-€€€ <080> Via Umberto 28/32, Tel. 090 2148733, www.facebook.com/Osteria.Fiore.del.cappero, im Sommer tgl. 11.30–14.30, 18.30–24 Uhr. Gute Küche zu fairen Preisen und ausgezeichnete Pizza. Freundliches und engagiertes Personal, das sich gerne mit den Gästen unterhält, wenn es die Zeit zulässt. Man sollte schauen, ob seitlich in der schmalen Gasse oder an der Rückseite ein Tisch frei ist – ein charmanter Sitzplatz.
- **Fiore del Sale** <081> Corso Vittorio Emanuele II 167, im Sommer 10–22 Uhr. Die für viele besten Granité (s. S. 119) der Insel im Straßenverkauf und an den Tischen, man probiere z. B. die Granité mit Mandel- oder Papayageschmack.

032li-fk

- **Kasbah Cafè** €€€ <082> Via Maurolico 25/Via Nuovo, Tel. 090 9811075, www.facebook.com/kasbah.lipari, tgl. ab 19 Uhr, im Winter Mi geschl. Einer der Dauerbrenner in der Stadt. Große Anlage mit Garten und äolischer Spezialitätenküche, vielen Fischgerichten und natürlich auch Pizza. Die Pizzabeläge sind unüblich und die sonst servierten Speisen ausnehmend übersichtlich arrangiert. Das Personal ist darauf trainiert, auch in Stoßzeiten sehr effektiv zu bedienen.
- **La Conchiglia** €€€ <083> Via Amendola, Porto Sottomonastero, Tel. 090 9813119, www.laconchiglialipari.it, im Sommer tgl. 12–15, 19–24 Uhr. Pasta mit Meeresfrüchten und Kapern oder mit Schwertfisch und Artischocken oder auch ein Rindfleisch-Carpaccio: sehr gute äolische Küche am Südende des Hafens mit Blick auf die Molen (wenn nicht gerade eine Fähre die Sicht versperrt).
- **La Terrazza sul Mare** € <084> Via Cappuccini (Porto Sottomonastero), Tel. 3881747382, ab 8 Uhr. Wenn man am Hafen den Überblick behalten will, sitzt man auf der Dachterrasse schattig und kühl mit Blick auf den Trubel rund um den Fähranleger – Bar und Lounge mit Snacks und guten Cocktails.
- **Latteria 581** € <085> Piazza Matteotti 2, Tel. 3336655938, www.facebook.com/latterialipari1, 8–1 Uhr. Von der weißen Bestuhlung auf der Piazza hat man den wohl besten Blick auf die *Passeggiata*, den abendlichen Trubel auf dem Corso, dazu gibt es Eis, *Granita*, Cocktails, Snacks und auch größere Gerichte wie Pasta.
- **L'Angolo del Pesce** €€€ <086> Via Vittorio Emanuele 152, Tel. 3669733227, im Sommer tgl. 10–15.30, 18.30–

23.30 Uhr. Natürlich ist bei dieser Lage alles noch einmal teurer als man es ohnehin schon gewohnt ist – dennoch: die Fischgerichte sind ausgezeichnet, von der Muschelpasta bis zu Calamari.

■ **Mància e Fùi** € <087> Corso Vittorio Emanuele II 94, Tel. 090 9813505, im Sommer tgl. ab 11 Uhr. Rosticceria mit einigen Bänken auf der Straße entlang der Hauswand, auf denen die Gäste *arancini* (frittierte Reisbällchen), *pizzette* (kleine Pizze), *pitoni* (kleine, mit Sardellen würzig gefüllte und frittierte Teigtaschen) oder *fagotini* (gemüsegefüllt) verdrücken – schnell, günstig, gut.

› **Panificio Leonardi** € <088> Via Marina Garibldi 98, Tel. 090 9813467, im Sommer Mo.–Sa. 5–13.30, 16.30–20.30 Uhr. Bäckerei mit frischen Brötchen, Pizza vom Blech zum Mitnehmen, Kuchen und sizilianischen Gebäckspezialitäten.

■ **Pasticceria Arte e Sapori** € <089> Vico Morfeo 50, Tel. 333 9499512, tgl. 8–13, 15–18 Uhr. Vielgerühmter Zuckerbäcker mit ein paar Tischchen vor der Tür, Kuchen, Gebäck und Marzipan in der Vitrine und Cassata Eolinana stückchenweise. Unbedingt probieren: die gefüllten Teigrollen Cannoli.

■ **PesceCane** €€ <090> Corso Vittorio Emanuele II 223, Tel. 090 9812706, www.pescecanelipari.it, im Sommer tgl. ab 11 Uhr. Ein Lokal der ersten Stunde in der Nähe des Fährhafens. Immer noch in Familienbesitz und gern von Einheimischen besucht (aber nie im Aug.). Äolische Fischküche mit Gemüse und Käse aus lokaler Produktion, rustikale, quietschbunte Atmosphäre, auch Pizza. Wer draußen essen will: Der Freisitz gegenüber gehört zum Lokal.

< Viel Gemüse kommt von den Inseln – die Böden sind fruchtbar

Außerhalb

› **Agriturismo U Zu Peppino** €€ <091> Via Stradale, Pianoconte, im Südwesten der Insel, Tel. 090 9822330, www.uzupeppino.com, im Sommer tgl. ab 19 Uhr. Agriturismo-Betrieb weitab vom Meer, dafür aber mit guter ländlicher Küche zu fairen Preisen. Auch Vermietung einfacher, sauberer, großzügiger Zimmer (€€).

› **Al Bivio** €–€€ <092> Via San Calogero, Pianoconte, Tel. 090 9813213, im Sommer tgl. 8–23 Uhr. Ländliche Bar mit Snacks (Antipasti und leckere *bruschette*), Restaurant und Pizzeria kurz hinter dem Abzweig nach den Thermen. Einfach und mit fairen Preisen, sehr gute Süßigkeiten, angenehmer Freisitz (auch mit Schatten).

› **A Menza Quartara** €€ <093> Via Area Morta 50, Quattropani, Tel. 090 9886236, www.facebook.com/RistoranteAMenzaQuartara, im Sommer tgl. ab 12 Uhr. Im Ausflugslokal 1,5 km südlich des Aussichtspunkts gibt es sizilianische Gerichte mit Fernsicht. Hausmannskost zu recht fairen Preisen, gute Gemüsevorspeisen, auch Fleischküche (Kaninchen) und Pizza.

› **Aurora** €€€ <094> Via Mazzini, Acquacalda, Tel. 090 9821037, www.facebook.com/ristoranteauroralipari, im Sommer tgl. 8–23.30 Uhr. Strandrestaurant direkt am Wasser mit Loungebereich und Schirm-/Liegenvermietung, gute Küche mit vielleicht etwas zu kleinen Portionen (weswegen man am Ende auf alle Fälle ein köstliches Eis nachschieben kann); sehr zuvorkommendes, junges und engagiertes Personal.

› **Calandra Beach** €€–€€€ <095> Marina Garibaldi, Canneto, Tel. 090 9811676, im Sommer tgl. 8–24 Uhr. Ristorante und Pizzeria am Strand in Erweiterung des *stabilimento balneare*, der Badeanstalt. Verlässliches Essen zu leicht überhöhten Preisen, aber in Canneto ist die Auswahl ja nicht groß.

› **Da Lauro** €€-€€€ <096> Strada Provinciale/ Via Rocche, Acquacalda, Tel. 090 9821061, Juni–Sept. tgl. 12–24 Uhr. Oberhalb Acquacalda mit großer Terrasse. Handfeste äolische Fischküche ohne großen Anspruch, etwas rustikal, wegen der Größe kommen die Einheimischen hier gern für Familienfeste zusammen – nicht ungemütlich und mit einem tollen Blick auf Salina.

› **I Tre Delfini** €€€ <097> Via S. Croce, Pianoconte, im Südwesten der Insel direkt bei der Kirche, Tel. 3333729187, www.ristoranteitredelfini.it, in der Hochsaison 12–15, 19–22 Uhr, sonst nur abends. Gutes Fischrestaurant mit äolischer Küche und Pizzeria (nur abends) im Garten einer modernen Anlage mit Zimmern und Apartments zur Vermietung (€€€).

› **Brisciú** €€€ <098> Marina Garibaldi, Canneto, Tel. 333 8506801, www.facebook.com/Brisciu, im Sommer tgl. 12–15.30, 19–24 Uhr, im Winter Mo geschl. Die erste Adresse in Canneto. Tische auf dem Gehsteig und als Clou auch Tische auf einer Plattform direkt am Strand. Äolische Gerichte, nicht günstig, aber sollten Personal oder Küche einmal enttäuschen: Das Ambiente entschädigt.

› **Le Macine** €€-€€€ <099> Via Stradale, Pianoconte, Tel. 090 9822387, www.lemacine.org, im Sommer tgl. 12–15, 19–24 Uhr, im Winter Fr–So. Ausflugslokal an der Hauptstraße in Pianoconte mit Panoramaterrasse, Spezialitäten wie geräuchertem Schwertfisch mit Ricotta-Crème, aber auch Fleischküche mit Kaninchen oder Filet in Wein. Gemütliche, rustikale Atmosphäre und Personal, das auch mit Sonderwünschen zurechtkommt. Abends auch Pizza.

› **Mr. Baffo** €€ <100> Porticello Spiaggia Baffo/Baffo Beach, Tel. 333 7228834, nur im Sommer 11–19 Uhr. Bar und Kiosk mit üppigen Salaten, Früchtebechern und belegten Brötchen – Strandessen eben.

› **Papisca** € <101> Marina Garibaldi 67, Canneto, Tel. 090 9812362, www.facebook.com/puntapapisca, im Sommer tgl. 8–23 Uhr, Nov. geschl. Bar, Rosticceria und Tavola Calda mit sehr erschwinglichen Preisen am Lungomare mit einigen Tischen auf dem Gehsteig, *Caponata* (s. S. 119), *Arancini* (s. S. 120), gefüllte Tintenfische – einfach, schmackhaft, gut!

› **Sangre Rojo** €€ <102> Quattropani, Contrada Sangue Rosso (auf schmaler Straße 1,5 km hochfahren), Tel. 338 2909524 (Shuttle-Service bestellbar), www.facebook.com/ristorante sangrerojo, Sommer tgl. 12–15, 19–24 Uhr. Eine schönere Lage für ein Mittag- und besonders für ein Abendessen wird man auf der Insel nicht finden. 450 m über dem Meer ist der Sonnenuntergang einzigartig.

Einkaufen

Wer shoppen will, flaniert entlang des Corso Vittorio Emanuele und in der Via Garibaldi Richtung Marina Corta. Die großen Markennamen sind nicht vertreten, dafür bieten kleine Boutiquen angesagte und erschwingliche Mode für den Strand und den Abend in der Stadt.

■ **Da Pina** ꕥ <103> Corso Vittorio Emanuele 166, Tel. 090 9812214. Oliven, Eingelegtes oder auch nur gewürztes Gemüse, Öl und Soßen für die Pasta – der Laden ist ein einziger Appetitanreger; extrem köstlich: *Insalata Eoliana*.

■ **Enigma** <104> Corso Vittorio Emanuele II 119, Tel. 090 9880169, www.facebook.com/enigmalipari. Streetware der bekannten Marken für Jungs und Mädels und Havannas, Crocs etc.

■ **Franca Maisano** <105> Via Umberto I 195. Das kleine Atelier unterhalb des Burgbergs ist unscheinbar, aber im Sommer sitzt die Signora eh auf der Straße und bemalt Leinwand, Kissen und Keramik mit bevorzugt floralen Themen – im Winter zieht sie nach Milazzo um.

- **Mollo – Tutto – Vivo a – Lìpari** <106> Corso Vittorio Emanuele II 83, Tel. 3892416814, www.mollotuttoshop.com. Independent-Modelabel mit kleinem Laden und ausgeflippten T-Shirts und Sweatshirts mit dem frei übersetzten Aufdruck: Abgehauen und in Lìpari hängen geblieben.
- **Pekkati di Moda** <107> Corso Vittorio EmanueleII 39. Netter Klamottenladen mit allem, was die Dame am Strand an Kleidung und Accessoires benötigt.
- **Maxistore Dèco** <108> Via Vittorio Emanuele II 230. Supermarkt 100 m vom Hafen mit breitem Angebot (auch Kleidung).
- **Pescheria da Antonio Greco** <109> Via Umberto I 52, Tel. 090 9812035. *Der* Laden in Lìpari-Stadt für frischen Fisch.
- › **Tenuta di Castellaro** <110> Cave di Caolino, Tel. 3454342755, www.tenutadicastellaro.it. Weinprobe, Kellerführung und Verkauf der Rot-, Weiß- und Roséweine (Führung 10 €/Pers.). Degustationspläne mit Kostenbeteiligung, wenn man keinen Wein erwirbt. Empfehlenswert ist die Verkostung mit kalten Platten zum Sonnenuntergang (40 €).

Nachtleben

Im Hochsommer finden Partys mit Disco am Strand **Spiaggia Bianca** statt, man achte auf die Plakate in der Stadt.

- **Il Giardino di Lìpari** <111> Via Nuovo (Vicolo Lungo), Tel. 3393299029, www.ilgiardinodilipari.com, im Sommer tgl. ab 18 Uhr. Ein großer Garten, Beete, Wege, gestapelte Paletten mit Sitzkissen, Liegestühle, im August Livemusik und die wohl besten Cocktails der Stadt.
- › **L'Approdo Wine Bar** <112> Via Maurolico 20, Tel. 3331707446, www.facebook.com/approdowinebar, ab 17 Uhr. Wein, Bier und Cocktails in der Gaststube, vornehmlich aber gutgelaunt in der Gasse an den Tischen oder stehend konsumiert – besonders wenn im August die Band unter dem Sternenhimmel Jazz spielt.
- **La Precchia** <113> Corso Vittorio Emanuele II 191, www.facebook.com/cafelaprecchialipari, 10–24 Uhr. Immer voll, mittags, abends und nachts, häufig tritt eine Combo auf und spielt Barmusik aus Jazz und Blues. Urige Stimmung, relativ gute Snacks und größere Gerichte, aber hier ist man vornehmlich, um den Abend im Getümmel des Corso zu verbringen: bequem mittendrin.
- **Turmalin** <114> Piazza Municipio, Tel. 3936335849, www.facebook.com/Turmalinclub, im Sommer tgl. ab 23.30 Uhr. Open-Air-Diskothek unterhalb des Burgbergs mit Terrasse und Blick übers Meer.

033li-fk

› *Im Sommer werden die Gassen zum Atelier*

Vulcano

Hier ist der Name auf jeden Fall Programm! Ganz nah ist man dem Erdinneren, wo der Feuergott Vulcanus an seinem Amboss werkelt. Es dampft und brodelt, es heizt und stinkt!

Die Insel lockt mit Gesundbad, Sandstrandfreuden und dem Blick in den Vulkankegel. Gelb lagert sich hoch oben am Kraterrand der Schwefel ab, schnell huscht man dort mit Gummisohlen über den heißen Boden, unten am Meer wartet ein Bad in dem natürlichen Thermalbecken unter freiem Himmel und danach ein Sprung ins Meer. Vielen Touristen bleibt nur die Zeit, die man braucht, um das Standardprogramm abzuspulen (Besteigung des Kraterrands, Schwefelbad), dann müssen sie die Insel schon wieder verlassen. Doch Vulcano hat einiges mehr zu bieten und mit dem Mietfahrzeug kann man sich ausgezeichnet auf Exkursion begeben. Einen Tag sollte man sich mindestens Zeit lassen.

Der **Vulkan** der Insel gilt als der gefährlichste des Liparischen Archipels. Nicht ohne Grund sah die römische Mythologie hier die Schmiede ihres Feuergottes. Zahlreiche Ausbrüche sorgten für immer neue Landmassen. In der Antike sollen die Menschen immer wieder auf die Insel gekommen sein, um ihre Toten durch den „Odem der Götter" reinigen zu lassen. Da man keine Begräbnisstätten fand, wurden die Leichname wohl wieder mitgenommen und in heimischer Erde bestattet. Die heutige vulkanische Aktivität wird als „Fumarolen-Stadium" bezeichnet, eine nach-eruptive Phase, bei der die Dampfspannung langsam abbaut, indem sie durch die Oberfläche dringt. Dies geschieht unter Wasser und an Land und sorgt mit **Schwefeldämpfen** für olfaktorische und thermale Sensationen.

Heilsames Schlammbad auf Vulcano (s. S. 61)

Wie ein Oval liegt Vulcano zwischen Sizilien und den Äolen, von Lìpari nur durch den 1000 m breiten Kanal Bocche di Vulcano getrennt. An Vulcanos nördlichem Ende hängt wie eine Halbinsel das kleine **Vulcanello**, erdgeschichtlich ein ganz junger Spund. Vulcano bildete sich in mehreren Phasen. Als erstes entstand das heutige südliche Vulcano mit dem höchsten Inselgipfel, dem **Monte Aria** (500 m), und der schüsselförmigen Hochfläche von Piano vor etwa 127.000 Jahren. In der Entstehungsphase war der Krater bis zu 1000 m hoch, brach dann aber vor ca. 50.000 Jahren ein und bildete in etwa die heutige Landschaftsform. Vor 15.000 bis 14.000 Jahren entstand an der Stelle der heutigen Fossa („Krater", eigentlich „Grube") ein erstes Mal ein Krater, der ebenfalls kollabierte und eine Art Meerkessel bildete. Das erstarrte Magma aus diesem Ereignis bildet heute die zerklüftete Nordwestküste mit dem **Monte Lentia** und der Höhle **Grotta del Cavallo.** In der Mitte des Wasserkessels baute sich dann vor 10.000 Jahren der heutige **Gran Cratere** auf.

Seit 475 v. Chr. sind die Insel und ihre vulkanische Tätigkeit dokumentiert. So weiß man, dass sich Vulcanello erst ab 183 v. Chr. mit einem ersten Vulkankegel aus dem Meer erhob (wie der griechische Historiker Polybius schrieb). 126 v. Chr. entstand der zweite Kegel Vulcanellos und im 16. Jh. der dritte. Erst in diese Zeit fällt auch die Entstehung der Landbrücke zu Vulcano (1550).

Richtig besiedelt hatten die Römer Vulcano nie. Allerdings ließen sie **Schwefel abbauen,** eine eher ungesunde Tätigkeit, für die man Sklaven einsetzte. Das hatte sich bis in die jüngste Vergangenheit nicht geändert. Noch bis zur letzten großen Eruption 1888 bis 1890 lebten auf der Insel bis zu 500 Sträflinge, die jedes Jahr im Krater 20 t Schwefel und am Faraglione-Felsen beim Hafen 100 t Alaun und 10 t Borsäure abbauten und prozessierten. Ihre unmenschlichen Lebensbedingungen beschrieb Alexandre Dumas Mitte des 19. Jh. in seinen „Ausflügen zu den Äolischen Inseln". Guy de Maupassant kam 1885 auf die Insel und schilderte als Lebemann in „Wanderleben" nur die unbändige Natur.

Nach dem heftigen Ausbruch 1890 waren alle Fabrikanlagen zerstört und der Bergbau wurde nie wieder aufgenommen. Bis zu drei Kilometer weit wurden die Lavabrocken geschleudert und setzten den gesamten Insel-

Feuergott

Vulcanus, römischer Gott des Feuers und der Schmiede (im Griechenland der Antike Hephaistos), ist der Sohn von Juno und Jupiter (bei den Griechen Hera und Zeus) und alle Götter mussten bei seinem Anblick ob seiner Hässlichkeit lachen. Juno war darüber so erzürnt, dass sie Vulcanus vom Olymp warf (weswegen er fürderhin lahmte). Er schmiedete nun für die Götter Waffen und Rüstungen und heiratete Venus, die es mit der ehelichen Treue nicht so genau nahm. Als Feuergott nahm er eine Doppelrolle ein: Zum einen war er zwar verantwortlich für alle mit dem Feuer verbundenen Übel, zum anderen war er auch deren Beherrscher und galt als Beschützer vor Feuersbrünsten.

Inselrundfahrt Vulcano

Eine Asphaltstraße verläuft von Nord nach Süd über die Insel, quert die Hochebene von Piano und senkt sich in Serpentinen hinunter zum Weiler Gelso. Eine Stichstraße führt von Piano runter zur Steilküste im Osten mit dem Aussichtspunkt am **Capo Grillo.** Um die ganze Insel abzufahren, muss man 1,5 Std. reine Fahrzeit kalkulieren. Um nicht gehetzt zu sein, sollte man ein Auto oder eine Vespa für vier Stunden anmieten. Die Verleiher befinden sich in unmittelbarer Hafenumgebung an der SP179 (und haben ihre unverschämt hohen Preise abgesprochen).

Nach Gelso, am anderen Ende der Insel, sind es vom Hafen aus 14 km, die Fahrt über den Abzweig zum Aussichtspunkt Capo Grillo misst hin und zurück 7 km, sodass sich die Fahrstrecke auf 35 km addiert. Da die Fahrzeuge mit fast leerem Tank vermietet werden, muss man zuerst die Tankstelle anfahren (in der Via Sotto Lentia, von den Autovermietern direkt Richtung Gelso, dann nach den Wanderwegabzweigen zum Krater scharf rechts abbiegen). Die Straße umkreist den Gran Cratere 26 in weitem Bogen, verlässt an seiner Westseite das Tal und führt langsam hinauf auf die Ebene von Piano. Die Hänge des Kraters sind zerschrunden und nur mit niedriger Vegetation bewachsen. Auch entlang der Straße wachsen nur wenige Bäume.

5 km hinter dem Hafen ist dann der Weiler **Piano** erreicht. Links geht es ab zum Capo Grillo. Hier befindet man sich auf 300 m Höhe und am Passo del Piano. Die Höhe haltend geht es nun vorbei an zahlreichen Ferienhäusern, Villen und schmucken Gärten über die Ebene. Vereinzelt wird hier Getreide angebaut, doch Weinreben dominieren.

Nach 3 km ist das Südende der Insel erreicht und die Straße wendet sich in Serpentinen nach unten Richtung Gelso, das weitere 6 km entfernt liegt. 1,5 km vor Gelso zweigt links die Straße zum **Strand von Cannitello** ab, 800 m weiter beginnt der Fußweg zum Eselsstrand (**Spiaggia dell'Asino). Gelso** besteht aus einem runden Dutzend Gebäuden, einer Mole (von der aus man verschwiegene Buchten mit dem Boot erreicht), der Spiaggetta („Strändchen"), der Trattoria da Pina und der kleinen Hallenkirche Chiesa Madonna delle Grazie aus dem Jahr 1865 – das erste Gotteshaus auf der Insel. Der erste Sonntag im Juni ist der einzige Tag, an dem die Kirche sicher offen steht: Gelso begeht das Fest zu Ehren der Madonna mit einer Bootsprozession.

Der 31 m hohe Leuchtturm aus dem beginnenden 20. Jh. westlich der Mole an der Punta dei Porci mit seinem gewaltigen Unterbau passt eigentlich nicht zu dem winzigen Örtchen. Er ist aber für den Schiffsverkehr von Bedeutung und markiert die Passage zwischen den Äolen und Milazzo. Sein Licht reicht 16 Seemeilen weit.

Zurück in Piano wählt man nun einen der Abzweige Richtung **Capo Grillo.** Das schmale Sträßlein endet an einem kleinen Parkplatz. Hier kann man die Sicht über Vulcanello und Lìpari bis hin zu Salina genießen. Wer abenteuerlustig ist, kann auf Pfaden in etwa einer Stunde bis zur Punta Luccia durch die Macchia wandern (sollte allerdings eine gehörige Portion Orientierungssinn mitbringen).

Auf dem Weg zum Krater von Vulcano

035li-fk

bewuchs in Brand. Die freien Bewohner konnten sich mit Booten nach Lìpari retten, die Sträflinge mussten die Katastrophe in den Minengängen des Faraglione aussitzen.

In die erst im 19. Jh. gegründeten Siedlungen **Piano** und **Gelso** im südlichen Bereich der Insel kehrten die Menschen erst nach und nach zurück und nahmen die Landwirtschaft wieder auf, pflanzten neue Weinreben und züchteten wieder Schafe und Ziegen. Aber noch einmal sollte sich Vulcanus vehement zu Wort melden. Zwischen 1913 und 1916 intensivierte sich die vulkanische Aktivität erneut. Gase und Hitze traten an der im 16. Jh. entstandenen Landbrücke in einer derartigen Konzentration aus, dass die nach der Explosion von 1890 neu ausgetriebenen Pflanzen abstarben. Heute ist Vulcano eine **reine Touristeninsel**, die ehemaligen Gehöfte sind zum großen Teil in Ferienwohnungen und -häuser umgewandelt.

KURZ & KNAPP

Alaun

Alaun, eine Schwefelverbindung, war in der Antike das einzig bekannte Flammschutzmittel. Die Römer bestrichen Holz mit einer Alaunlösung und senkten so die Gefahr von Bränden (eine Technik, die sie von den Ägyptern übernommen hatten). Außerdem nutzten sie es als geruchtilgendes Deodorant und als Chemikalie in der Gerberei. In heutiger Zeit wird noch seine Blutungen stillende Wirkung geschätzt.

24 Porto di Levante/ Ponente ★★ [G8]

Grauer Schlamm und blaues Meer – gegensätzlicher kann es nicht sein. Die einen bedecken ihre Haut mit Schwefelfango, die anderen mit Sonnencreme und der Rest sitzt in den Cafés und genießt das Leben.

Auf der 1890 entstandenen Landenge zwischen Vulcano und Vulcanello (in deutscher Literatur wegen der Fumarolentätigkeit 1913 bis 1916 auch als „totes Feld" bezeichnet) liegt das eigentliche Zentrum der Insel. An der östlichen Seite landen im südlichen Bereich, dem Porto di Levante, die Schiffe an, im nördlichen wartet der Fango-Tümpel der Zona di Acqua Calda mit schwefligem Brackwasser auf Besucher, die nach dem Fangobad am gleich anschließenden Kieselsteinstrand der **Baia di Levante** die Schwefelschicht im Meerwasser abspülen können. In der weiten, halbmondförmigen Sandbucht der westlichen Seite, der **Baia di Ponente**, lecken die Wellen mit einer richtigen kleinen Brandung an den Sandstrand, auf den Mietliegen aalen sich die Besucher. Beide Baias verbindet – in Höhe des 56 m messenden Faraglione-Felsens (der einst für die Alaunbeschaffung mit Gängen durchlöchert war) – eine richtige kleine Flaniermeile, die Fußgängerzone der Via Anna Magnani mit Restaurants, Cafés und Souvenir-/Modeläden.

Die **Zona di Acque Calde** („Zone der heißen Wasser") teilt sich in drei Bereiche: Die Pozza dei Fanghi (der künstlich entstandene Fango-Tümpel), die Unterwasserfumarolen, die als Bläschen aufsteigen, einen natürlichen Whirlpool bilden und das Meer aufheizen, und die Fumarolen an Land, mit Säuren versetzter Wasserdampf und Gase, die aus dem Boden aufsteigen (weswegen man in diesem Bereich tunlichst **Badeschuhe tragen** sollte). Die Umgebung des Tümpels zeigt die Wirkung von Schwefel auf alles Lebende. Sie gleicht einer Mondlandschaft – und ein Bad oder ein Aufenthalt nahe den Fumarolen und im Fango-Tümpel ist auch durchaus umstritten (s. Infokasten auf S. 61). Auf alle Fälle sollte man sich für das Schwefelbad uralte Badekleidung besorgen, die man notfalls wegwerfen mag, und nicht zu lange verweilen. Die **Pozza dei Fanghi** hat einen Durchmesser von etwa 30 m und ist ca. 50 cm tief. Der Schlamm mit seiner Temperatur von 33 °C soll bei Hautkrankheiten (insbesondere Schuppenflechte), Rheuma und Arthritis eine heilende Wirkung haben.

☑ *Vulcanos Porto di Levante*

036li-fk

Gegenüber der Pozza fällt eine eklektizistische Schlossarchitektur ins Auge, der **Palazzo dell'Inglese.** Der Walliser James Stevenson hatte sich in den 1850er-Jahren erst auf der Nachbarinsel mit Bimssteinabbau und -handel beschäftigt, bevor er nach dem Ende der Bourbonenherrschaft nach Vulcano ging, den ganzen Nordteil der Insel kaufte und eine Villa errichten ließ. Das Geld verdiente er mit Schwefelabbau, aber bald begann er, Terrassen anzulegen und erfolgreich Wein zu kultivieren, die Basis für die spätere Malvasia-Produktion. Vulcano wurde unter seiner Ägide zu einem blühenden Garten. Dann kam das Jahr 1888, alle mussten flüchten und der Vulkan tobte 20 Monate lang. 1891 kam Stevenson noch einmal kurz auf die Insel, sah, dass die Naturgewalten von seinem Garten Eden nichts übriggelassen hatten, bestieg seine Dampfjacht und kehrte nicht mehr zurück. 1903 starb er. Stevensons Cousin verkaufte den Besitz 1907 an den Bauern Giovanni Conti, der als Wegbereiter des Tourismus auf Vulcano gilt. Er baute die erste Herberge der Insel, das Hotel Conti, bot Führungen zum Krater an und vermarktete die Heilkräfte des Schwefels.

Obwohl es verschiedentlich Versuche gab, auf der Insel eine geother-

Vorsicht Gas!

Der Anteil der in den Fumarolen hauptsächlich vorkommenden Gase CO_2 (Kohlendioxid) und H_2S (Schwefelwasserstoff) ist zwar relativ gering, doch man bedenke, dass es zu einer Verkettung unglücklicher Umstände kommen kann. **Schwefelwasserstoff ist hoch giftig** und nahe der Oberfläche des Fango noch nicht unbedingt ausreichend durch Luft verdünnt. Wenn dann kein Wind geht, die Hitze drückt, man sich mit dem ganzen Körper in die Schwefelbrühe legt und nur das Gesicht herausschauen lässt, dann kann es **ungesund werden.**

Auch das **Kohlendioxid** birgt Gefahren: Schwerer als Luft, sinkt es in Niederungen ab und verdrängt den lebensnotwendigen Sauerstoff – man erstickt, eine Gefahr vor allem im Krater. Im aufsteigenden Wasserdampf der Fumarolen und im Quellwasser befinden sich zum Dritten **aggressive Säuren,** die sogar Edelmetalle angreifen (bei einem Bad im Tümpel also den Schmuck ablegen).

Auch beim **Schwimmen im Meer** an Küstenabschnitten mit Fumarolen kann es durchaus gefährlich werden. So hat das italienische Amt für Zivilschutz eindringlich vor dieser Gefahr gewarnt.

Und dann sind da auch noch ganz simple **hygienische Bedenken.** Der Tümpel wird zwar fortwährend von Quellen gespeist und in der Brühe können nicht allzu viele Bakterien überleben, doch was sich alles am Boden ablagert – das will man gar nicht wissen!

Also: Wer mag, geht ins Becken, sollte aber **nicht bis zur Schulter eintauchen** und sich den Schlamm auch nicht ins Gesicht schmieren bzw. **von Mund und Augen fernhalten** (er ist auf Schleimhäuten und in den Augen sehr irritierend). Man bedenke auch stets: Viele Leute kommen, weil sie sich eine Heilung ihrer Hautkrankheit erwarten.

Wer zum Krater hochwandert, sollte auf alle Fälle darauf achten, dass er **immer genügend Frischluft** hat und nicht in den Schwefelfahnen stehenbleiben. Auch stellt die **Hitze** mancher Fumarolen eine Gefahr dar. Sie können plötzlich und mit einer Temperatur von bis zu 700 °C entweichen. **Ein Abstieg in den Krater ist zu unterlassen!** Wer hinuntersteigt, überlebt nur mit entsprechender Schutzausrüstung.

Mein Tipp

Thermalbäder ohne Baugenehmigungen

Seit drei Jahren sind die beliebten Thermalbäder von Vulcano nunmehr geschlossen. 2020 fing es an: Die Insel wurde von Corona gebeutelt. 2021 kam eine mehrere Monate währende Sperrung der Insel wegen vulkanischer Tätigkeit hinzu, begleitet von gesundheitlich extrem bedenklichen Gasaustritten. Und als ob das noch nicht genügt hätte: Die Staatsanwaltschaft verfügte die Schließung der Thermalbäder. Die Betreiber hatten nämlich die Zeit des Corona-Stillstands nutzen wollen und schwarz gebaut. Die Gemeinde Lìpari leitete entsprechende Schritte ein. Und so leiden die touristischen Betriebe der Insel geduldig weiter – schließlich ist das Thermalbaden traditionell eine der lokalen Hauptattraktionen.

037li-fk

mische Anlage zu entwickeln, kamen die Projekte nicht aus dem Experimentierstadium hinaus, zu unkalkulierbar sind die Vorgänge. Die Pozza dei Fanghi ist übrigens ein Nebenprodukt einer geothermischen Probebohrung des Agip-Konzerns in den 1950er-Jahren. Weitere Versuche in den 1980er-Jahren blieben ebenfalls erfolglos. Heute gibt es noch eine Versuchsanlage auf der Ebene von Piano. Über den Vulkan, seine Geschichte und seine Aktivität informiert ein Pavillon des **Vulkanologischen Zentrums** (Centro Operativo Marcello Carapezza) in der futuristischen Konstruktion an der Fußgängerzone.

› **Pozza dei Fanghi** <115> Zona di Acque Calde, **zurzeit geschlossen** (s. links)
› **Centro Operativo Marcello Carapezza** <116> Via Anna Magnani, Juli–Sept. tgl. 9.30–12.30, 17–20 Uhr (nicht verlässlich geöffnet)

25 Vulcanello/Valle dei Mostri ★ [G8]

Die jüngste Insel des Archipels ist sattgrün und mehr oder weniger von Resorts und Luxusvillen okkupiert, besitzt aber sehr reizvolle – an Skulpturen erinnernde – Lavaformationen.

Vulcanello bildet ein etwas deformiertes Rund und hat einen Durchmesser von ca. 1,2 km. Die drei ineinander übergehenden **Krater** sind am nordöstlichen Ende der Insel noch gut zu erkennen – allerdings eher vom Observatorium auf Lìpari aus. Luxushotels wie das Therasia Resort mit allen nur vorstellbaren Einrichtungen haben ihre Umgebung großflächig mit Zäunen gesichert. Auch die öffentliche SP178 endet 1,5 km hinter dem Porto di Ponente und nördlich der Krater an Sperrschildern und Schranken. Von hier kommt man

0381i-fk

nach 100 m auf einem Feldweg in das **Valle dei Mostri**, das Monstertal. Seinen Namen hat es von den bizarr ausgeformten bzw. verwitterten Lavabrocken, die über dem Meer zwischen der Macchia scharfkantig und schwarz hervorragen und die Fantasie zu Formeninterpretationen beflügeln: Bär, Zwerg, Hund, Löwe ...

26 Gran Cratere ★★ [G9]

So nah kommt man dem Inneren der Erde nur noch auf Strombolis Vulkan. Doch während dieser spuckt und leuchtet, weist hier ein heißer Dunst und höllischer Gestank auf Gott Vulcanus hin – und dieser Dampf kommt nicht nur aus dem Krater, er dringt dem Berg aus allen Poren.

Thermalbaden und die Schwefeldämpfe sind nicht immer ungefährlich (s. S. 61)

Die Wanderung zum Krater ist recht einfach, nicht sonderlich steil, mit knapp 400 Höhenmetern überschaubar anstrengend und vielbegangen. Mit 1½ bis 2 Stunden Gehzeit ist zu rechnen, wenn man den Krater umrundet. Am Anfang mag der tiefe Sand des Wegs ermüdend wirken, doch nach einiger Zeit hat man den Dreh raus und tritt flach auf, um nicht wegzurutschen. Da die **Wanderung** gänzlich schattenlos ist, sollte man sie in den frühen Morgenstunden oder am späten Nachmittag beginnen. Mittags brennt die Sonne sonst gnadenlos auf den Kopf und der schwarze Boden, auch abseits der mehreren 100 °C heißen Fumarolen ein ausgezeichneter Wärmespeicher, heizt den Allerwertesten. Genug **Getränke** mitzunehmen, ist eine exzellente Idee. **Festes Schuhwerk** ist nicht nur sinnvoll, sondern wegen des kochendheißen Untergrunds am Kraterrand dringend notwendig.

Vom Hafen geht man in 10 Min. auf der schnurgeraden Asphaltstraße Via Porto Levante nach Südwesten und gelangt nach 800 m an einen nach links abzweigenden Ascheweg (Hinweisschild). Nach 5 Min. biegt man nach links in den breiten Hauptweg hoch zum Krater ein. Ein Schild gibt (wenig verlässlich) die Entfernung bis zum Kraterrand an („800 m"). Nach zwei Kehren und weiteren Entfernungsschildern gelangt man von Sand auf festen, schwefeldurchsetzten und zerklüfteten Fels und steigt teils sogar auf uralten Pflasterabschnitten weiter nach oben. 35 Min. hinter dem Hafen kündet nochmals ein Schild den Gran Cratere an („100 m"), es dauert dann allerdings 10 Min., bis man von der Nordwestseite in den Krater blicken kann.

500 bis 600 m Durchmesser hat der Krater, sein Boden befindet sich 200 m tiefer als der höchste Abschnitt des Rands. Nun geht man am Rand entlang nach Osten und vermeidet die allzuheißen Stellen. Dort wo die Fumarolen eine graue Farbe angenommen haben, ist der austretende Dampf extrem heiß, sodass der Schwefel nicht gelb auskristallisiert. Giftgrün und quietschgelb sind einige Abschnitte im Nordwestbereich des Kraterrands, es stinkt wie die Hölle und wenn man in eine Dampffahne gerät, vermag man kaum zu atmen – und sollte es auch nicht, denn **die im Dampf gelösten Säuren ätzen.** Im Westen steigt man schließlich auf einem steilen Zickzackweg zum höchsten Punkt des Kraters mit einer Stele und Steinmandln (Steinpyramiden, ca. 60 Min. ab Start). Der Panoramablick umfasst den ganzen Archipel von Lìpari über Panarea bis Stromboli, von Salina nach Filicudi und Alicudi. Im Abstieg die Umrundung fast vollendend, kürzt man bei der nächsten Gelegenheit nach links gehend ab, vermeidet so den felsigen Abschnitt des Aufstiegs und gelangt auf der Vulkanasche fast gleitend und zügig in gut 30 Min. nach unten zum Ausgangspunkt.

KURZ & KNAPP

Vulcano im Film

Während sich Rossellini auf der Nachbarinsel mit Ingrid Bergmann und seinem Film **„Stromboli"** (1949) beschäftigte, drehte Wilhelm Dieterle auf Vulcano mit Anna Magnani ebenfalls ein Drama. Die wegen unsittlichen Verhaltens aus Neapel vertriebene Maddalena kehrt in **„Vulcano"** (1949) in ihre Heimat zurück, bewahrt ihre Schwester vor einem großen Unglück und rehabilitiert sich so, muss am Ende aber bei einem Vulkanausbruch ihr Leben lassen.

Strände

Die beiden Hauptstrände Vulcanos befinden sich an den Seiten der Landbrücke zwischen Hauptinsel und Vulcanello – **Spiaggia Sabbie Nere** (600 m lang) im Westen und **Spiaggia Acque Calde** (250 m) im Osten mit schwarzem, feinerem Sand bzw. Kies und beide für äolische Verhältnisse sehr lang und breit (weshalb sie auch nie überlaufen wirken). Der dritte Sandstrand ist die winzige **Spiaggia di Gelso** im Süden der Insel. Die größere **Spiaggia dell'Asino** (200 m), die Vierte im Bunde, wenige Meter östlich von Gelso in der Nebenbucht zeigt sich mit ihrem im Rücken steil aufsteigenden Hang als landschaftlich am schönsten.

Noch weiter östlich und auf dem Gebiet des Agriturismo Punta Aria (Restaurant/Unterkunft) befindet sich der fünfte Sandstrand, die **Spiaggia del Cannitello** (auf das Gelände fahren, Parkplatz fast unten am Strand). Sowohl Asino (400 m Fußweg) als auch Cannitello sind bewirtschaftet, bieten neben Schirm- und Liegenverleih (20–30 € für Schirm und zwei Liegen) einen Barservice und können Juli/Aug. sehr voll sein. Asino hat auch noch Kanus, Tretboote und eine Pizzeria im Angebot.

- **Spiaggia Acque Calde** <117>
- **Spiaggia del Cannitello** <118>
- **Spiaggia dell'Asino** <119>
- **Spiaggia di Gelso** <120>
- **Spiaggia Sabbie Nere** <121>

Infos und Reisetipps

- **Post/Ufficio Postale Vulcano** <122> Piazza Faraglione, Mo–Fr 8.20–19.05, Sa 8.20–12.35 Uhr
- **Liberty Lines Vulcano** <123> Hotel Faraglione (gegenüber dem Fahranleger), Tel. 090 9852230
- **Siremar Vulcano** <124> Via Anna Magnani/Piazza Vulcano Levante 3 (am Beginn der Fußgängerzone gleich links, Schild „N.G.I"), Tel. 090 9852301
- **Gepäckaufbewahrung/Deposito Bagagli:** im Büro von Liberty Lines (5 €/Gepäckstück)
- **Scaffidi/Vulcania Tour Busverkehr,** Tel. 090 9853073. In der Saison vom Hafen tgl. sieben Fahrten nach Piano und drei Fahrten nach Gelso Spiaggia (letzte Rückfahrt 17 Uhr), sonst eingeschränkter Verkehr, Tickets im Bus (Rundtour 15 €).
- **Strandservice/Servizio Spiagge (Taxi-Boot)** <125> Noleggio da Tonino, Porto di Ponente, Tel. 3355859790, www.noleggiodatonino.it. Boot zu den Stränden an der Südseite.
- **Schirm- und Liegenverleih:** An den Stränden muss mit 30 € pro Tag für einen Schirm und zwei Liegen gerechnet werden.
- **Fahrzeugverleih da Paolo** <126> Via Porto Levante (etwas südlich der Anlegestelle der Aliscafi), Tel. 090 9852112, www.rentvulcanoisoleeoliedapaolo.it, 8–20 Uhr. Miete pro Tag: Rad 10–20 €, Vespa 25–50 €, Quad 55–80 €, Auto 70–100 €.

Einer der wenigen Sandstrände der Liparen: die Spiaggia Sabbie Nere

039li-fk

› **Fahrzeugverleih da Luigi** <127> Via Provinciale (50 m von „da Paolo"), Tel. 3477600275, www.nolosprintdaluigi.com, 8–20 Uhr. Preise wie der Mitbewerber.

› **Ausrüstungsverleih Nidra Trekking** <128> Via Provinciale (bei Noleggio „da Luigi"). Verleih von Trekkingausrüstung: Schuhe (5 €), Stöcke (4 €) und Rucksäcke (5 €).

Unterkünfte

› **Agriturismo Punta Aria** €€ <129> Punta Bandiera, Gelso, Tel. 02 95742230, www.puntaaria.it, Juni–Mitte Sept. Landwirtschaftsbetrieb mit 15 Apartments im äolischen Stil und Restaurant oberhalb des Strands von Gelso im Süden der Insel. Malvasia (Wein) aus eigener Produktion, hausgemachte Pasta und Käse von der Insel – ehrliche sizilianische Küche (Halbpension buchen!). Auch wenn es im Hochsommer am Meer voll werden kann, irgendwie hat man das Gefühl, an einem Privatstrand zu sein.

› **Camping Togo Togo** € <130> Via Porto di Ponente, Tel. 090 9852303, www.campingvulcano.it, Mai–Okt. In die Jahre gekomme Anlage mit 18 Zimmern und Campingmöglichkeit im Schatten. Sauber und in nächster Nähe zum Strand.

› **Casa Arcada** €€-€€€ <131> Via Provinciale 179, Tel. 090 9852612, www.casaarcada.it, April–Okt. Drei Zimmer und zwei Studios (Küche, nur wochenweise buchbar) mit Terrassen und eigenem Bad an der Straße zum Krater, etwa 400 m vom Hafen. Sehr gepflegtes B&B.

› **Eros Hotel** €€€€ <132> Porto Levante 64, Tel. 090 9853265, www.eroshotel.it, Juni–Sept. 4-Sterne-Anlage mit 26 Zimmern zwischen den beiden Stränden, elegante Einrichtung und schöner Garten, Pool, Restaurant.

› **Hotel da Conti** €€€ <133> Via Porto Ponente, Tel. 090 9852012, www.contivulcano.it, Mai–Okt. 3-Sterne-Hotel in exklusiver Lage direkt auf dem Sandstrand. Beliebtes Restaurant A'Zammara mit Strandterrasse (€€-€€€, Mitte Juni–Mitte Sept. auch Pizzeria).

› **La Giare** €€ <134> Via Provinciale 18, Tel. 090 9850229, www.pensionelagiara.com, April–Okt. (April u. Okt. kein Frühstück). Einfache Pension mit nur 11 Zimmern etwas abseits der Strände (an der Straße zum Krater 250 m vom Hafen). Ohne großen Komfort, doch mit Bad, Klimaanlage und Kühlschrank auf den Zimmern. Auch im August günstig, Halbpension möglich (in einem Restaurant nahebei), Spezialpreise für größere Familien.

› **La Locanda** €€ <135> Piano, Tel. 090 9853004, ganzjährig. Sechs saubere, zweckmäßige Zimmer mit Bad und Gemeinschaftsterrasse in einem Garten beim Restaurant Maria Tindara.

› **Les Sables Noires** €€€€ <136> Via Porto Ponente, Tel. 090 9850, www.lessablesnoirs.it, Juni–Sept. 45 Luxuszimmer im maritimen Apartmentstil (mit kleiner Küchenzeile) in gepflegter Anlage direkt am Strand, viel Tradition und viele illustre Gäste, Pool, American Bar, gutes Restaurant Baia di Ponente (€€€).

Essen und Trinken

› **A Zammara** €€ <137> Via Riccardo Conti 8, Tel. 090 9852012, im Sommer tgl. 7–24 Uhr. Immer volle Strandpizzeria und Bar. Denn wo sonst bekommt man – mit den Füßen im Sand –so günstige Speisen? Und dann auch noch so ausgezeichnete. Spezialiät: Calzone bei Sonnenuntergang.

› **Bar/Caffè Geco** € <138> Via Anna Magnani, Tel. 3476074091, 7–2 Uhr. Süßes, Snacks, Brötchen, Pasta und Cocktails in der Fußgängerzone – auf der schattigen Terrasse mit Holztischen und an den Tischen auf der Straße Popmusik und immer viele Betrieb (besonders zur Aperitifzeit).

› **Bar/Pizzeria di Spiaggia dell'Asino** €-€€ <139> Gelso, Tel. 3249845382, www.asinobeach.it, Juni–Sept. Holzofenpizza, Snacks und Cocktails direkt am Strand, im August abends Disco.

› **Bar Ritrovo Remigio** € <140> Via Porto Levante, Tel. 090 9852085, 7–23 Uhr. Die Bar der Einheimischen am Hafen für einen schnellen Café, bevor man aufs Schiff geht.

› **Faraglione** € <141> Via Porto Levante, Tel. 090 9852078, 8–23 Uhr. Beliebte Bar und Rosticceria mit Hafenblick und großem Freisitz. Salate, belegte Brötchen, Snacks (u. a. *Arancini*), Eis und *Granité*, auch zu späterer Stunde gut besucht (im Aug. manchmal DJs).

› **Maurizio** €€ <142> Strada Provinciale 45, Tel. 3347660069, www.facebook.com/maurizio.vulcano.5, 12.30–15, 19.30–23 Uhr. Günstiger kommt man nicht an ein Fischmenü inklusive Getränken (30 €). Maurizio hält den Preis seit Jahren und er kocht außerdem noch ausgezeichnet. Drinnen klein und gemütlich wie ein Wohnzimmer, draußen eher spartanisch.

› **The King of Fish** €€-€€€ <143> Porto Levante, Tel. 090 9852010, 12–15, 19.30–23 Uhr. Südlich der Anlegestelle am Strand konzentriert man sich vollständig auf Fisch. Am Morgen vom Boot aufs Eis und ab mittags in die Küche – an der Theke sucht man sich sein Essen selbst aus, dann geht der Fisch ins Feuer, Zitrone dazu, Salat und Brot. Aber auch die Meeresfrüchte-Pasta ist empfehlenswert. Nicht günstig, dafür ist der Blick von der Terrasse über die Bucht kostenfrei.

› **Trattoria da Pina** €€ <144> Gelso Porto, Tel. 368668555, www.facebook.com/trattoriadapinavulcano, Mai–Okt. Sehr leckere Fischküche nach sizilianischen Rezepten, beste Zutaten und viel Gemüse – schon die Antipasti sind ein Gedicht. Gemütliches Sitzen auf der kleinen Terrasse, auch bei den Einheimischen als Ausflugslokal hoch geschätzt. Im Hochsommer unbedingt reservieren.

› **Trattoria Maria Tindara** €€ <145> Piano, Tel. 368668555, www.mariatindaravulcano.it, April–Okt. Modernes Lokal mit Garten und einem Schwerpunkt auf Fleischküche (Lamm, Kaninchen und Geflügel) irgendwo zwischen Hausmannkost und Anspruch. Selbstgemachte Pasta und Gemüse aus dem eigenen Garten, sehr nette und unaufgeregte Atmosphäre. Platz lassen für die Nachtische (z. B. Pistazien-Semifreddo)! Auch Zimmervermietung (s. bei „La Locanda").

☑ *Mittagspause in Gelso*

040li-fk

Einkaufen

- **Conad-Supermarkt** <146> Via Favaloro, 200 m nordwestlich vom Fähranleger

Nachtleben

- **Baia Negra** <147> Spiaggia Sabbie Nere, www.facebook.com/baianegravulcano, von Sonnenaufgang bis ultimo. Im Sommer Open-Air-Stranddisco – hier trifft sich die ganze Insel.
- Die **Bar am Asino-Strand** wandelt sich in der Hochsaison nachts zur Disco (Bar/Pizzeria di Spiaggia dell'Asino, s. S. 67).
- **Cantine Stevenson** <148> Via Porto Levante, Tel. 090 9853247, 11–24 Uhr. Restaurant und Pizzeria (mit recht hohen Preisen), hauptsächlich aber Bar, weswegen es abends immer rappelvoll ist. Toller Blick auf den Hafen vom Parterre und von der Dachterrasse gleichermaßen, gute Cocktails und glücklich der, der einen Platz in der ersten Reihe ergattert: Man kennt sich, man grüßt sich.
- **Il Castello** <149> Via Porto Levante, Tel. 3473113706, www.facebook.com/IlCastellodiVulcano, in der Hochsaison täglich ab 22 Uhr. Disco, deren Bässe im Juli/August die ganze Stadt bei Laune halten. Bekannte italienische DJs, die nur allzu gerne *Ferragosto* (s. S. 118) hier verbringen.
- **L'Approdo Lounge Bar** <150> Via Anna Magnani, Tel. 090 9852426, ab 11 Uhr. Restaurant und Lounge, zu späterer Stunde gut für einen Cocktail bei Easy-Listening-Musik.

Der Hafen von Panarea

Panarea

Die kleinste Insel der Äolen zeigt sich in sattgrünem Gewand und mit weiß gekalkten Häuschen, luxuriösen Villenkomplexen und bunt bepflanzten Gärten mitten im Blau von Meer und Himmel – im Sommer prickelt hier das Leben wie Champagner.

Ehemals war die Insel das exklusive Urlaubsziel italienischer Millionäre und ihrer Entourage, aber dann hatte die Wirtschaftskrise auch die Superreichen eingeholt. Heute ist Panarea deshalb ein für jeden erschwingliches Pflaster. An klassischen Sehenswürdigkeiten hat die Insel nur die Reste eines prähistorischen Dorfs (Capo Milazzese 27) zu bieten, ansonsten viel **Natur**, herrliche **Buchten**, den **schönsten Sandstrand des Archipels** (Spiaggia Cala degli Zimmari, s. S. 70) und die Möglichkeit, auf dem Gipfel des Vulkans (421 m) das Panorama zu bestaunen (s. Wanderung Nr. 4, Seite 112). Fortbewegen kann man sich in den schmalen Gassen nur zu Fuß – oder man nimmt eines der Golfcar-Taxis, die halsbrecherisch durch die Kurven sausen, um in den Stunden mit nennenswertem Transportbedarf (Strand – Mittagessen – Strand – Abendessen) möglichst viel Umsatz zu machen. Vom Fähranleger bis zum Straßenende an der Bucht von Zimmari sind es knapp 2 km. Auf Panarea existieren drei Gemeindeviertel: San Pietro um den Hafen herum, Ditella nördlich und Drauto südlich davon.

Nur die östliche, wie eine schräge Ebene mit Terrassen gestaltete Inselhälfte ist besiedelt, die westliche Küste fällt steil und wild zerklüftet ins Meer. Mit den östlich vorgelagerten Inselchen Datillo, Lisca Nera, Lisca Bianca, Bottaro, den meist über-

041li-fk

spülten Felsen von Panarelli und dem immerhin 0,3 km² großen und 165 m hohen Inselfels Basiluzzo bildet Panarea ein **eigenes kleines Archipel.** Es ist eigentlich ein einziges Unterwassergebirge (mit einer 160 km² großen Basis), deren aus dem Wasser ragende Gipfel 1800 m über dem Meeresgrund liegen. Nur bis zu 90 m ist das Meer hier tief und wegen weiterer Klippen für die Schifffahrt tückisch. Nicht umsonst trägt Panarea (abgeleitet von „Pagnari", „die Verfluchte") ihren Namen. Entstanden ist die Insel in zwei Phasen vor 155.000 bis 150.000 und 125.000 bis 120.000 Jahren. Weitere Eruptionen fanden vor 100.000 (Punta Falcone) und bei Drauto vor 8000 Jahren statt. Basiluzzo ist das Ergebnis vulkanischer Tätigkeit vor 54.000 Jahren. Noch heute gibt es 50 bis 100 °C heiße **Fumarolen** und **Quellen** (an der Nordostküste).

Im 3. Jt. v. Chr., während der frühen Bronzezeit, siedelten sich auf der Insel wohl erstmals Menschen an. Auf alle Fälle nimmt man an, dass sie zumindest als Ritualort benutzt wurde. Die erste bekannte feste Siedlung ist für die Zeit um 1500 v. Chr. datiert: Rundhütten auf dem Capo Milazzese 27. Mit dem Niedergang des Römischen Reichs und dem Auftauchen der Freibeuter und Sklavenjäger der Levante endete erst einmal die Besiedelung der Insel. Im gesamten Mittelalter war Panarea nicht mehr bewohnt. Allerdings nutzte der osmanische Pirat Turghut Reis, einer der berühmtesten Admirale des Osmanischen Reichs (der als Leutnant beim Korsaren Khayr al-Dīn Barbarossa sein Handwerk gelernt hatte), die Insel von 1545 bis zu seinem Tod zwanzig Jahre später immer wieder als Basis für Überfälle auf das Festland. Der Gemeindeteil Drauto ist nach ihm benannt.

Das **Museum von Panarea** ist eine Dependance des Archäologischen Museums 17 von Lìpari und befindet sich bei der Kirche San Pietro. In zwei Räumen erklärt es die Entstehung der Insel und zeigt einige Artefakte aus der frühen Besiedelungszeit und aus einer Nekropole des 4. Jh. v. Chr., die bei Drauto ergraben wurde. Das Museum hat aber praktisch nie geöffnet.

27 Capo Milazzese ★★ [III]

Hoch über den schönen Buchten haben sich um 1500 v. Chr. die ersten Menschen am Capo Milazzese niedergelassen. In sicherer Lage, nur durch eine schmale Landbrücke mit Panarea verbunden, lebten hier bis zu 250 Menschen in etwa 40 Rundhütten. 23 Fundamente sind noch erhalten – eine der **bedeutendsten archäologischen Zonen.** Von der Spiaggia Cala degli Zimmari führt ein Treppenweg auf etwa 40 m Höhe, ein 200 m langer Fußweg endet beim frei zugänglichen **Villaggio Preistorico.**

Wie eine natürliche Burg schützten die Felsen die Bewohner vor Angriffen. Es muss eine blühende Gemeinde gewesen sein, wie die heute im Museum auf Lìpari ausgestellten Artefakte beweisen. Vornehmlich Töpferwaren und Werkzeuge sind erhalten geblieben. Keramiken im mykenischen Stil belegen die intensiven Handelsbeziehungen der damaligen Zeit. Zwischen 1300 und 1200 landeten neue Siedler aus Kampanien an. Mit ihrer Ankunft verschwanden die alten Bewohner, doch auch die Neuankömmlinge verstanden es, den Schutz des Kaps bei etruskischen Attacken vom Festland zu nutzen. Später mussten sich die Insulaner gegen die Römer zur Wehr setzten, da man auf Seiten der Karthager in den Punischen Kriegen erbittert gegen Rom kämpfte (und schließlich verlor).

Wer **baden** will, hat die Wahl der Qual: Entweder geht man nun zurück an den Sandstrand von Zimmari, oder man steigt über die Treppen ab zur ebenfalls schönen Cala Junco, legt sich dort auf den Felsen und teilt das Wasser mit den Gästen von den hier zuhauf ankernden Jachten.

Mein Tipp

Ausflug nach Basiluzzo

4 km nordöstlich von Panarea ragt Basiluzzo aus dem Wasser und ist ein beliebtes Ausflugsziel für einen **Schnorchelgang** oder einfach nur, um ins kristallklare Wasser zu springen. Der **Fels** ist das Überbleibsel einer Eruption, die sich vor 54.000 Jahren ereignete, und besteht aus unterschiedlichen geschichteten Materialien, darunter Bims und Obsidian. Auch Basiluzzo war schon vor der Zeitenwende besiedelt und zur Zeit des antiken Rom hatte sich ein Wegbereiter der heutigen *splendid guests* Panareas – ein reicher Römer – auf dem Eiland eine Villa errichten lassen. Zu sehen sind noch Reste eine Mosaikbodens und 5 m unter Wasser bei der Anlegestelle die Fundamente eines Bootshauses.

Strände

Panarea besitzt drei Strände. Die **Spiaggia Cala degli Zimmari,** 20 Gehminuten vom Fähranleger nach Süden, besteht aus honiggelbem, feinem Sand, ist 80 m lang und relativ schmal (und im Hochsommer schon früh besetzt). Die anschließende Bucht **Cala Junco** mit grobem Kies und Felsen (über das Capo Milazzese erreichbar) ist nicht so überlaufen.

Die **Spiaggia Fumarole** liegt nördlich des Fähranlegers und besteht ebenfalls aus Kies. 10 Min. durch die Gassen und 15 Min. Abstieg auf dem Serpentinenweg werden mit einem Bad in warmem Meerwasser belohnt, aufgeheizt von vulkanischem Wasserdampf.

› **Spiaggia Cala degli Zimmari** <151>
› **Cala Junco** <152>
› **Spiaggia Fumarole** <153>

Infos und Reisetipps

- **Geld:** Auf Panarea gibt es keine Bank und die Geldautomaten können im Hochsommer schon mal für längere Zeit leer sein.
- **Bootsausflüge** (u. a. nach Basiluzzo): Ediliziaerelax, Tel. 3703224668, www.facebook.com/edilpanarea; Blue Adventure, Tel. 3397140436, www.panareablueadventure.com; dreistündiger Ausflug abhängig von der Gruppengröße für 40–50 €/Person
- **Taxi:** Eine Fahrt vom Hafen zum Strand von Zimmari kostet je nach Saison zwischen 10 und 15 €.
- **Gepäckaufbewahrung:** in der Bar del Porto (s. S. 72) fragen (4 €/Gepäckstück)

Unterkünfte

Egal, wie man sich betten will: Wer im August eine günstige Unterkunft sucht oder sich gar spontan fürs Bleiben entscheidet, sollte dies nicht auf Panarea versuchen!

- **Da Francesco/Eunymos** €€-€€€ <154> Via Comunale, Tel. 090 983023, www.dafrancescopanarea.com, April–Okt. Viel günstiger geht es nicht auf Panarea, neun Pensionszimmer (teils mit eigener Terrasse) am Hafen mit Bad. Trattoria mit Vulkanblick.
- **Da Luca** €€-€€€ <155> Via Iditella, Tel. 3336753547, www.bed-breakfast-panarea.it, ganzjährig. B&B mit vier Zimmern 800 m vom Hafen am Hang, sehr sauber, mit hellem Holz eingerichtet, angenehm und ruhig (auch mit Kochgelegenheit).
- **Hotel Raya** €€€€ <156> Via San Pietro, Tel. 090 983013, www.hotelraya.it, April–Okt. Der Klassiker auf Panarea, für die, bei denen es für eine Villa nicht ganz langt (Geld aber dennoch keine Rolle spielt). 36 Zimmer und die Serviceeinrichtungen sind auf einem Felssporn am Meer auf mehrere Gebäude verteilt. Restaurant mit Bio-Küche, Thermalpool – Luxus pur und man ist „entre nous“.
- **La Terrazza** €€€-€€€€ <157> Via San Pietro 20, Tel. 090 983258, www.laterrazzahotelpanarea.it, März–Okt. Familiengeführte kleine Anlage im äolischen Stil nahe der Kirche mit nur sieben Zimmern (maritime Einrichtung) mit Terrassen, etwas laute Umgebung, dafür schalldämpfende Fenster.

Der wohl schönste Strand des Archipels: die Spiaggia Cala degli Zimmari

0421-fk

Essen und Trinken

- **Antonio Il Macellaio** €€ <158> Via San Pietro 20, Tel. 090 983258, www.facebook.com/AntonioilMacellaio. Restaurant des Hotel Terrazza. „Anton der Metzger", hat sich auf argentinisches Rindfleisch und Würste vom Grill spezialisiert, außerdem gibt es Pizza. Eine gelungene Abwechslung nach dem vielen Fisch.
- **Bar del Porto** € <159> Via Comunale, Tel. 090 983254, 8–23 Uhr. Frühstück, Snacks oder einen Aperitif mit Oliven und Bruschetta: Am Fähranleger sitzt man in der ersten Reihe.
- **Bridge Sushi** €€€–€€€€ <160> Via Porto, Tel. 3481282309, www.bridgepanarea.com, 18–2 Uhr. Mailänder Industrielle und römische Politiker sind auch im Sommer auf rohen Fisch versessen, außerdem: Currys und Fleisch. Man sollte unbedingt frühzeitig kommen und einen Aperitif bestellen, schon dieser ist auf der Hafenterrasse ein Erlebnis (Kleiderordnung: lässig-elegant).
- **Chiosco Cala** € <161> Spiaggia Cala degli Zimmari, Juni–Sept. tagsüber geöffnet. Strandkiosk mit Getränken und Panini.
- **Cusiritati** €€€ <162> Via Porto, Tel. 090 983022, www.cusiritati.com, 12–15, 20–24 Uhr. Eines der ältesten Restaurants auf Panarea serviert auf der Aussichtsterrasse perfekt zubereitete Meeresfrüchte und Fischgerichte, auch mittags ist es fast immer gut besucht (Ausflugsgruppen).
- **Da Paolino** €€€ <163> Via Iditella 75, Tel. 090 983008, Mai–Sept. 12–15, 19.30–23 Uhr. An der Gasse hoch zum Gipfel (200 m vom Hafen) und mit Terrasse. Hier kommen Gerichte ohne Chichi auf die Teller: viel Gemüse, gute Pasta und Fisch, den der Besitzer selbst fängt. Außerdem sitzt man sehr angenehm und gemütlich.
- **Da Pina** €€€€ <164> Via San Pietro, Tel. 090 983032, www.ristorantedapina.com, ganzjährig 12–15, 19/20–23 Uhr. Küche auf hohem Niveau und die Schönen und Reichen als Gäste, daher sollte der Geldbeutel bei einem Besuch sehr, sehr gut gefüllt sein. Köstlich sind das Carpaccio vom Meeresgetier oder die Pasta mit Hummer.
- **L'Elica** € <165> Via Comunale Lani 5, Tel. 370 1165310, www.facebook.com/lelicapanarea, April–Sept. Bar und Graniteria, in der es außerdem auch noch das wohl beste Eis der Insel gibt – ein Eiscafé mit Brioche zum Frühstück gefällig?
- **Le Delizie di Nonna Pasqualina** € <166> Via Porto, Tel. 090 983179, 10–22 Uhr. Feiner Take-away-Imbiss mit allem, was lecker ist, also mit Schinken oder Salami belegten Panini, Oliven, Kapern, aber auch Süßem.

Einkaufen

- **Raya,** Via San Pietro. Die Boutique des Hotels (s. S. 71) verkauft Klamotten und südostasiatischen Krimskrams. Und die Preise? Wir sind auf Panarea!
- **Manebí** <167> Contrada San Pietro. Badeanzüge, Taschen – alles was man am Strand benötigt, edel und teuer.
- **Mi Stricu** <168> Contrada San Pietro. Kleidung, Keramik und allerlei Dinge, die man zwar nicht braucht, aber haben möchte.

Nachtleben

Im Juli/August isst man spät und danach geht das Nachtleben los. Die **Disco des Hotels Raya** (s. S. 71) ist der Haupttreffpunkt Tanzwilliger (und wird es bleiben). Musik gibt es nach dem Dinner im **Bridge Sushi** (s. links). Ein guter Platz für nächtliche Erlebnisse ist auch die Barterrasse Banacalii des Hotels Lisca Bianca.

- **Banacalii** <169> Via Lani 1

043li-fk

Stromboli

Fast schon perfekt geformt ragt der Kegel in den Himmel und sein Rand ist das begehrteste Wanderziel der Äolen – mit dem einzigen durchgängig aktiven Vulkan Europas läuft Stromboli den anderen Inseln locker den Rang ab.

„Στρογγύλη“ („Strongýlē“ – „Kreisel“) nannten die Griechen Stromboli, dessen Feuerauswürfe den Seefahrern nachts ein wichtiger Navigationspunkt waren. Tagsüber ist der Vulkan mit seiner typischen Rauchfahne ebenfalls weithin sichtbar, dabei ist nur ein kleiner Teil seiner Flanken über Wasser. Der Vulkankegel setzt sich nördlich der Insel bis in eine Tiefe von 2000 m fort, zu Panarea hin ist das Meer noch bis 1250 m tief.

Besiedelt sind die Uferebene an der Nordostseite mit den beiden (zusammengewachsenen) Dörfern **San Vincenzo** und **San Bartolo** sowie der „Hauptstadt“ **Stromboli-Ort.** Auf der Hochebene im Südwesten liegt das weltabgeschiedene **Ginostra.** An allen anderen Stellen fallen die Bergflanken steil ab bzw. sind Rutschhalde für das Auswurfmaterial des Vulkans.

Der **Vulkan** entstand und erhielt sein heutiges Aussehen in der Abfolge mehrerer Eruptionen, die Krater aufbauten, und der anschließenden Kollapse von Kratersegmenten. Der erste Ausbruch erfolgte vor etwa 80.000 Jahren, es entstand der Paleostromboli I. Seine Reste sind nur noch an der südöstlichen Flanke erhalten. 20.000 Jahre später brach der Paleostromboli II im Bereich des kollabierten Kraterrands der Phase I aus. Seine Gesteinsreste am Serro Barabba überlagerten teilweise die des ersten Kraters. Beim dritten Eruptionsereignis vor 40.000 Jahren entstand der Paleostromboli III. Ablagerungen sind bei Malo Passo und Vallone di Rina an der südwestlichen Flanke erhalten. Der heutige höchste Gipfel, **I Vancori**, und seine südlichen Nachbarn Frontone, Gramigna und Guardiani bauten sich in mehreren Ereignissen zwischen 25.000 und 13.000 Jahren auf, wobei I Vancori

Strombolicchio ist ein eigener Vulkanschlot

1930 – Feuer über Stromboli

Am 11. September 1930 brach der Stromboli aus – mit katastrophalen Folgen für Bevölkerung und Natur. Ohne Ankündigung sprengte der übermächtig gewordene Druck der Gase den Gesteinspfropfen los, der den Krater versiegelte, jagte ihn in den Himmel, schleuderte lastwagengroße Felsen bis Ginostra und verwüstete mit heißer Asche, glühenden Lavabrocken und einer Feuerlawine große Teile der Insel.

Sechs Menschen starben und die Pflanzungen in den oberen Bereichen der Vulkanflanken waren von einer 1 m dicken Asche- und Schlackeschicht bedeckt. In Stromboli-Ort war die Schicht immerhin noch 10 cm stark. Ein kleiner Tsunami von 2 m Höhe raste über den Archipel. Nach zweieinhalb Stunden war der Spuk vorbei.

2002 kam es erneut zu heftigen Aktivitäten mit einer anschließenden Flutwelle und die Insel musste mit Schiffen und Hubschraubern für zwei Monate evakuiert werden. Immer wieder kommt es seitdem zu verstärkten Ausbrüchen, in deren Folge dicke Lavaströme die Sciara del Fuoco entlang ins Meer rinnen.

Heute wird der Vulkan aufs Genaueste überwacht und die Evakuierungspläne des Zivilschutzes stellen sicher, dass bei Gefahr jeder von der Insel runterkommt. Die bislang letzte starke Eruption 2019 forderte ein Todesopfer und mehrere Verletzte und führte zur teilweisen Evakuierung der Insel.

der jüngste ist. Schließlich kollabierte dessen nordwestliches Kratersegment – die heutige **Sciara del Fuco**, die **Feuerrutsche**, war entstanden. Dann bildete sich vor 2400 bis 1800 Jahren – also in der Zeit des antiken Rom – in mehreren Untereignissen der **Pizzo** heraus, von dem man heute in die aktiven Krater der Fossa blickt.

Die dem Stromboli vorgelagerte Felsnadel **Strombolicchio** mit ihrem Leuchtturm hat entwicklungsgeschichtlich mit dem Stromboli nichts zu tun. Der Basalt ist der ursprüngliche Schlot eines vor 200.000 Jahren entstandenen Vulkans, den Wind und Wetter nach und nach erodiert haben.

Wie Panarea war auch Stromboli – trotz der allgegenwärtigen Gefahr – im 3. Jt. v. Chr. und im antiken Rom besiedelt. Nach dem Untergang Roms verließen die Menschen die Insel aber wegen der zunehmenden Gefahr durch Piraten. Erst als diese im 16. Jh. eingedämmt war, kamen wieder Siedler und zu Beginn des 20. Jh. lebten fast 3000 Menschen auf Stromboli. So ganz geheuer war auch ihnen aber die Nähe zur Unterwelt nie. Früher, als der Weg über den Berg nach Ginostra noch gangbar war, schützten ihn die Einheimischen mit Kreuzen. Sie sollten die Geister davon abhalten, aus dem Krater zu kriechen.

Reist man von Neapel mit der Nachtfähre an, sieht man den Berg in der Morgendämmerung schon von Weitem glühen und ein nicht unbeträchtlicher Teil der Passagiere verlässt am Kai das Schiff, um sich dem einzigartigen Naturschauspiel bei einer Besteigung aus nächster Nähe hingeben zu können. Auch wenn die meisten Touristen nur 1 bis 2 Tage bleiben, Stromboli ist auch für einen längeren Zeitraum ein lohnenswertes

Ziel. Der **Strand von Stromboli-Ort** ist ewig lang (und aus feinem, schwarzen Sand) und dass die Jachten für den Sonnenuntergang vor Ginostra ankern, die Passagiere hoch zum kleinen Hauptplatz wandern und dort in blutrotem Licht an ihren Aperitifs nippen, hat schon seinen Grund.

Die Entfernungen innerhalb der Ortschaften sind überschaubar und alles ist gut zu Fuß zu erreichen. Wer nach **Ginostra** will, muss das Schiff nehmen, man kann den Ort weder über den Berg noch die Küste entlang erreichen.

28 Stromboli-Ort ★ [IV]

In Stromboli-Ort ist eigentlich das ganze Jahr über was los. Böse Zungen bezeichnen den Ort zwar als „Durchlauferhitzer“ für die Vulkanwanderung, doch der lange Sandstrand ist schwarz und schön und die Gassen haben ihren eigenen Reiz.

Zentrum von Stromboli-Ort ist die **Piazza San Vincenzo** mit Kirche, Läden und den Büros der Organisatoren der Vulkanbesteigung. Von hier aus überblickt man den ganzen Ort. Die Via Roma mit zahlreichen Restaurants und Läden führt hinunter zur 3 km langen Uferstraße und zur Anlegestelle. In der Via Roma, den Nebenstraßen und am Lungomare mit den Anbietern für Schiffsausflüge wird abends flaniert. Die 1 km lange Via Vittorio Emanuele verbindet die Piazza San Vincenzo mit der Kirche **San Bartolomeo.** Auch wenn **San Vincenzo** heute die Hauptkirche ist (und mit Stuck und Jugendstilanklängen einen Blick wert), San Bartolomeo ist mit einem Baujahr um 1800 die ältere.

Die Restaurants und Hotels sind immer gut gefüllt, ebenso die Ausflugsboote, die die Gruppen zur Feuerrutsche bringen, an der entlang die glühende Lava ins Meer poltert. Im Viertelstundentakt brechen ab dem späten Nachmittag die Wandergruppen zu je zwanzig Teilnehmern mit ihren Führern auf, bilden eine Ameisenstraße hoch zum Gipfel und kehren als endlose, über den Hang mäandernde Glühwürmchenkette bei Dunkelheit wieder zurück. Dann füllen sich die Bars und das Nachtleben beginnt.

„Geschichtlich bedeutend“ ist die (mit einem verblichenen Schild markierte) **Casa Ingrid** in der Via Vittorio Emanuele, die man aber nur von außen besichtigen kann. Ingrid Bergmann hat sie während der Dreharbeiten 1948/49 für den Film „Stromboli“ bewohnt, der die Insel weltberühmt gemacht hat und wegen der Liebschaft zwischen ihr und dem Regisseur Roberto Rosselini für ordentliche Skandale in der Klatschpresse sorgte.

Ein kurzer Spaziergang führt von der Piazza San Vincenzo zum **Alten Friedhof:** Man nimmt die Via Soldato Francesco Natoli nach Westen und biegt nach gut 500 m am Ende des Asphalts rechts auf den Pfad ab. Nach gut 200 m liegt rechter Hand der von Schilf umstandene und mit Macchia überwucherte romantische Cimitero Vecchio mit einigen schönen, teils fliesengeschmückten Grabstellen. Unterhalb des Friedhofs führt ein (unter Umständen verwachsener) Pfad am neuen Friedhof vorbei in den Ort zurück.

Wer keine Zeit, Lust oder Kraft hat, die fast 1000 Höhenmeter auf den Vulkan zu überwinden, kann auf einer weniger anstrengenden Tour zu einem der Feuerrutsche sehr nahen Aussichtspunkt gelangen und bei einer größeren Eruption auch Lava fliegen sehen. Die einfache Wanderung zur **Sciara del Fuoco** dauert hin und zurück gute zwei Stunden (etwa 250 m Auf- und Abstieg). Man folgt dafür dem Weg zum Alten Friedhof und von dort dem etwas steilen Pfad zum Krater hoch, biegt aber nach 500 m rechts ab. Der Pfad schlängelt sich mehr oder weniger Höhe haltend an der Flanke des Bergs entlang durch die Macchia. Nach gut einer Stunde gelangt man an den gepflasterten Weg, der hinunter zum Observatorium führt. Auf ihm nach links ansteigend erreicht man den **Aussichtspunkt** auf 270 m Höhe (ein weiterer Aussichtspunkt liegt 130 Höhenmeter weiter oben) und blickt auf die Eruptionen des Stromboli. Der Abstieg zum Observatorium mit Bar und Pizzeria (nur abends) dauert 20 Min., zurück in den Ort sind es von dort 15 Min.

Neben dem Aufstieg auf den Vulkan ist die **Inselumrundung per Boot** und der Halt an der Sciara del Fuoco die zweite klassische Art, den Stromboli zu erleben. Zahlreiche Barkassen starten am frühen Abend von Stromboli-Ort und bringen die Touristen zur Feuerrutsche, wo sie (meist mit eingeschaltetem Blitzlicht) in den Himmel knipsen. Vom Berg aus gesehen ein amüsantes Bild.

29 Stromboli-Krater ★★★ [IV]

Der Höllenschlund ein Sehnsuchtsort? Offensichtlich! In langen Reihen wandern die Menschen – normalerweise – nach oben, um die Eruptionen des Stromboli aus nächster Nähe zu goutieren.

Der Blick in den glühenden Kerker, in dem Gott Äolus, Herrscher der Winde, die Stürme angekettet hält (und sie auch ab und an loslässt), ist der Lohn für eine der eindrucksvollsten Exkursionen – wenn Äolus nicht gerade einen Strich durch die Rechnung der Besucher macht.

2019 durchkreuzten die Götter alle Pläne, der Stromboli spie Feuer und Asche in den Himmel, tötete einen Besucher und verletzte rund ein Dutzend Touristen. Mehrere Kilometer hoch war die Aschewolke und so bedrohlich, dass sich viele evakuieren ließen. Seitdem blieb die **Aktivität des Vulkans ungewöhnlich hoch** und die zuständigen Behörden untersagten bis auf Weiteres den Anstieg bis auf 880 m zum Aussichtspunkt, der sich 100 m oberhalb der drei Krater befindet.

Bis 2022 durfte man unter Führung der lizenzierten Unternehmen nur bis auf 400 m zum **Aussichtspunkt Scia-**

0441i-fk

An der Flanke des Vulkans – Ausrüstung, Ablauf, Buchung (Stand April 2023)

Ohne Begleitung eines Führers darf man zum Aussichtspunkt auf 290 m Höhe aufsteigen. Wer aber den wesentlich eindrucksvolleren Blick vom Aussichtspunkt auf 400 m Höhe auf die Feuerscharte und die Eruptionen haben will, darf sich nicht auf eigene Faust dorthin begeben, sondern muss dies unter fachkundiger Führung von Magmatrek ab der Kirche von Stromboli-Stadt tun.

Für die Teilnahme am Anstieg zum Aussichtspunkt des Stromboli sind stabile Schuhe, eine Lampe (am besten Kopf-, sonst Taschenlampe) und eine gefüllte Trinkflasche obligatorisch (der Anstieg ist wegen der hohen Temperatur und Luftfeuchtigkeit sehr schweißtreibend). Sinnvoll sind zudem Rucksack, Kopfbedeckung, Sonnencreme, ein T-Shirt zum Wechseln, ein(e) winddichte(r) Pullover/Jacke und ein kleiner Snack. Stöcke können beim Abstieg im weichen Sand hilfreich sein. Für die Tour müssen etwa 5 Std. kalkuliert werden: 2 Std. für den Anstieg, 1 Std. am Aussichtspunkt auf 400 m und 2 Std. für den Abstieg.

Die Touren zwischen dem 15. März und dem 31. Okt. beginnen je nach Jahreszeit und Andrang zwischen 15 und 20 Uhr. 20 Personen werden jeweils einem Führer zugeteilt und marschieren in Abständen von etwa 15 Min. los. Auf- und Abstiegsroute nehmen unterschiedliche Wege. Teilnehmen können Kinder ab 7 Jahren (wenn sie entsprechend motiviert und fit sind). Die Führung erfolgt auf Italienisch, Englisch und Französisch, ab und an auch auf Deutsch. Mehrere Tage im Voraus zu buchen ist besonders in der Hochsaison dringend angeraten, zu anderen Zeiten genügt es auch, sich am Vortag anzumelden: Buchung per E-Mail, telefonisch oder persönlich vor Ort. Vor dem Start zahlt man eine Gebühr von 25 € und eine kommunale Abgabe von 5 €. Wer Ausrüstung leihen muss, kann dies bei Totem Trekking: Stiefel 5 €, Lampe 2 €, Rucksack 5 €, Kindertragekraxe 7 €, Stöcke 3 €.

› **Magmatrek** <170>
Piazza San Vincenzo/Via Vittorio Emanuele, Tel. 090 9865768, info@magmatrek.it, http://magmatrek.it

› **Totem Trekking** <171>
Piazza San Vincenzo, Tel. 090 9865752, http://totemtrekkingstromboli.com

ra del Fuoco steigen. Wer allein unterwegs war, konnte am Observatorium vorbei auf 290 m steigen und von einem dortigen Aussichtspunkt aus einen (nicht so spektakulären) Blick auf die Feuerscharte werfen. Aber auch damit war im Herbst 2022 Schluss. Im Mai des Jahres hatte ein **schwerer Brand** die Macchia an den Flanken des Vulkans vernichtet und im August kam es zu heftigem Starkregen, der eine Schlammlawine auslöste. Da dem Sand keine Büsche mehr Halt gaben, konnte die Lawine bis nach Stromboli-Stadt gelangen und die Pfade hoch zu den Aussichtspunkten waren verschüttet.

Erst im April 2023 waren die Wege an der Nordflanke über das Observatorium zu den Aussichtspunkten wieder soweit instand gesetzt, dass man sie begehen konnte. Ohne Führung und allein kann man wieder bis zum **Aussichtspunkt auf 290 m** gelangen. Dazu nimmt man den Weg am Nordende der Spiaggia Lunga und steigt den Maultierpfad Mulattiera Salvatore di Rosa zum Oberservatorium hoch und an diesem vorbei zum frei zu-

‹ *Warten auf den Ausbruch*

gänglichen Balkon. Für den Rückweg geht man 300 m zurück und nimmt den Pfad nach rechts und Osten hinunter am alten Friedhof Cimitero vecchio vorbei in den Ort.

Wie es in Zukunft weitergeht, lässt sich nicht sagen. Die Vulkanologen hielten die Aktivität des Stromboli Anfang 2023 für noch zu hoch, als dass man die Gipfelregion bereits hätte freigeben können. Ob dies 2024 oder gar erst 2025 der Fall sein wird, steht in den Sternen. Die Bewohner Strombolis drücken jedenfalls alle Daumen, dass die Touristenströme bald wieder die Feuerströme von oben begutachten können.

Mein Tipp

Ferienhäuser in Ginostra

Viele sagen, es gäbe keinen exklusiveren Fleck auf Erden als Ginostra. Das hat sich auch das deutsche Ehepaar Karola und Uli gesagt und sich vor vielen Jahren für Ginostra als Lebensmittelpunkt entschieden – sie haben es nie bereut. Die Häuser, die sie vermieten, sind typisch äolisch, einstöckig und langgestreckt, mit vorgebauter Terrasse, von der aus die zwei oder drei Zimmer zugänglich sind. Das Duschbad mit WC ist meist an einem Kopfende der Terrasse. Eine umlaufende Brüstung schließt die Terrasse ab, wie eine lange Bank geformt und mit Polstern versehen ein perfekter Siestaplatz für einen heißen Nachmittag. Herd und Kühlschrank werden mit Gas betrieben, Strom und WLAN sind vorhanden. Schatten spenden über die Terrasse wachsender Wein oder Naturrohr. 25 bis 45 € pro Person (je nach Saison und Aufenthaltsdauer) kostet eine Nacht, wohlfeil für ein Paradies auf Erden.

› **Karola Hoffmann/Ulrich Stulgies,** Tel. 090 9812423, www.ginostra.de

30 Ginostra ★★★ [IV]

Krumme Wege, weiße Häuschen mit Veranden, blaue Gatter und gepflegte Gärten, hier Palmen, dort Oliven und Johannisbrot – und eine Sicht auf Meer und Himmel, wie sie nur die Götter haben.

Kein Rad dreht sich in Ginostra, Treppen und Pfade verlangen Fußarbeit. Noch vor 20 Jahren haben hier nur Petroleumlampen geleuchtet und das Wasser wurde mit Eimern aus der Zisterne geschöpft. Doch auch im kleinsten Hafen der Welt ist die Gegenwart angekommen. Heute gibt es Strom von Sonne und Wind, Duschen und richtige Toiletten. Und im Sommer kommen die Besucher zuhauf, um beim Aperitif die Sonne zu verabschieden. Dann steigen sie wieder auf die Boote und übrig bleiben die Glücklichen, die eines der Häuschen ergattern konnten, die zur Vermietung stehen. Im Sommer leben in Ginostra mehrere Hundert, im Winter sind es gerade mal 25 Bewohner.

Was machen in Ginostra? Nichts! **Entspannung pur** ist angesagt: lesen und reden, schlafen und essen, sonnen und baden. Abends, wenn es kühler wird, trifft man sich mit Freunden auf der Terrasse, schaut vielleicht am Hauptplatz neben der Kirche bei den Kurzbesuchern vorbei, kocht oder geht in eines der drei Restaurants. Am nächsten Morgen steigt man wieder zum Baden die 100 Höhenmeter zur **Punta Lazzaro** hinunter, sein Handtuch auf die Fels breiten und den Vormittag verdösen. Exklusiveren Urlaub gibt es nicht. Und wenn ein Abend langweilig zu werden droht: Vom Kirchplatz sind es 20 Min. über den Dorfhügel Timpone hinweg zur **Punta Corvo,** von der aus man auf die Feuerrutsche und die Eruptionen blickt.

Strände

Die Strände von **Stromboli-Ort** sind meist schwarz und feinsandig, im Wasser allerdings sind es Wackersteine. Vielen gilt die **Spaggia Lunga** ganz im Westen bei Piscità am schönsten, andere bevorzugen die kleineren, buchtartigen, von Felsnasen unterbrochenen Abschnitte bei der **Punta Restuccia** und dem **Hotel Villaggio Stromboli** (s. S. 80).

Die Mole (und das meist ankernde Wasserschiff) markiert den 50 m breiten Sandstrand von **Ficogrande.** Die **Punta Lena** ist der einzige Bereich ohne möglichen Wasserzugang, Betonklötze sichern das Ufer gegen das Meer. Hinter der Punta Lena zieht sich der Strand von Scari bis jenseits des Orts nach Süden, ab und an sind Fischerboote an Land gezogen. Nur rund um den Fähranleger darf (und will) man nicht ins Wasser. Ein gewisser Aufwand und Anstrengung sind nötig, um zum Strand unterhalb der **Forgia Vecchia** (1 km südlich vom Fähranleger) zu kommen – die Einsamkeit belohnt einen dafür.

Wer in **Ginostra** wohnt, badet an der **Punta Lazzaro,** die man nach 15 Min. Wanderung vom Dorf aus erreicht. Sand darf man nicht erwarten, dafür glatte, schwarze Felsen und ein kristallklares Wasser.

Infos und Reisetipps

- In Stromboli-Ort (nicht in Ginostra) gibt es **Geldautomaten,** die aber im Hochsommer schon mal für längere Zeit leer sein können.
- Einstündige abendliche **Bootsfahrt zur Sciara del Fuoco** oder zum Aperitif und/oder Abendessen in Ginostra (zu buchen bei einem der Anbieter am Fähranleger von Stromboli-Ort). Ausflug mit Bad am Stromblicchio mit Amici del Mare/Bartolo, Tel. 3384162580, www.facebook.com/bartolo.amicidelmare, oder mit Pippo Navigazione, Tel. 348 0559296, www.facebook.com/pipponavigazionestromboli.
- **Gepäckaufbewahrung/Schiffausflüge:** Molotre, Porto (neben der Bar Blu Notte, s. S. 81), Stromboli-Ort, www.strombolimolotre.it, 5 €/Gepäckstück, auch E-MTB-Verleih
- **Instituto Nazionale di Geofisica e Vulcanologia/INGV** <172> Piazza San Vincenzo, www.ingv.it, 10–13, 17–20 Uhr. Vulkanologie-Zentrum.

Der schwarze Strand von Stromboli-Ort 28

045li-fk

Unterkünfte

› **Brasile** €€-€€€ <173> Via Soldato Cincotta, Tel. 090 986008, www.strombolialbergobrasile.it, April–Mitte Okt. Einfach, aber geschmackvoll eingerichtete Zimmer unterhalb der Kirche San Bartolo in ruhiger Lage mit Innenhöfen und Terrassen.

› **Casa del Sole** €€-€€€ <174> Via Soldato Cincotta, Tel. 090 986300, www.casadelsolestromboli.it, ganzjährig. 10 Zimmer in einem typischen Haus der Äolen im Westen des Orts, praktisch und elegant-minimal eingerichtet, Garten, Gemeinschaftsküche.

› **Il Giardino Segreto** €€-€€€ <175> Via Soldato Francesco Natoli, Tel. 090 986241, www.giardinosegretobb.net, ganzjährig. B&B oberhalb des Orts, 10 Gehminuten vom Strand, 6 hübsche Zimmer, Garten.

› **La Nassa (Stromboli)** €-€€ <176> Via Marina, Tel. 3392399585, www.lanassastromboli.it, ganzjährig. Sechs einfach eingerichtete Zimmer mit Bad und Terrasse in einem Garten am Strand, sehr charmanter Gastgeber mit allerlei Tipps rund um Stromboli; kein Frühstück (dafür Frühstücksrabatt im Ritrovo Ingrid, siehe rechts.).

› **La Sirenetta Park Hotel** €€€€ <177> Via Monsignor Antonio di Mattina 13, Tel. 090 986025, www.lasirenetta.it, Mitte April–Mitte Sept. *Das* Luxushotel auf Stromboli mit 50 Komfortzimmern, gutem Restaurant, Garten und Pool.

› **Ossidiana** €€€-€€€€ <178> Via Marina, Tel. 090 986006, www.hotelossidiana.it, April–Okt. Luxushotel beim Fähranleger an der Straße mit 25 Zimmern, viele Gruppen, schöne Café-Terrasse mitten im Trubel, Restaurant.

› **Stromboli Paradise** €€-€€€, Ficogrande und Piscità, Tel. 3401595757, www.stromboliparadise.com, April–Okt. Mehrere Ferienhäuser im äolischen Stil mit Terrasse und Küche für 4–8 Personen (im August nur wochenweise).

› **Villaggio Stromboli** €€€-€€€€ <179> Via Regina Elena, Tel. 090 986018, www.villaggiostromboli.it, April–Okt. Am westlichen Ende des Lungomare (1 km vom Fähranleger) 37 praktisch eingerichtete Einheiten am Strand, teils mit Balkon, Ventilatoren in den Zimmern, Restaurant.

Essen und Trinken

Stromboli-Ort

› **Bar Il Canneto** €€ <180> Via Roma 64, Tel. 090 986014, 10–24 Uhr. Helle, freundliche Bar mit günstigem Touristenmenü.

› **oTTo a mare** €€ <182> Via Vittorio Emanuele (in Höhe der Via Soldato Pannettieri), www.otto.place, tgl. 18–2 Uhr. Eines der angesagtesten vegetarischen/veganen Lokale Mailands geht ans Meer – in einem herrlichen Garten auf Stromboli.

› **Punta Lena** €€€ <183> Via Marina 8, Tel. 090 986204, https://ristorantepuntalena.business.site, 12–14.30, 19–22.30 Uhr. Direkt am Strand gelegen und *die* Adresse für Jachtbesitzer. Die Aussicht auf Strombolicchio ist fantastisch und das Essen gut bis sehr gut.

› **Ritrovo Ingrid** €€ <184> Piazza San Vincenzo, Tel. 090 986385, www.instagram.com/ritrovoingrid, 8–1 Uhr (Juli/Aug. bis 3 Uhr). Eine Institution im Herzen des Orts. Frühstückscafé, Restaurant, Imbiss, Pizzeria, Cocktailbar und Club.

› **Rosticceria/Pizzeria da Giovanni** €-€€ <185> Via Roma, Tel. 090 986301, 12–24 Uhr. Schnelles, schmackhaftes Essen zu günstigen Preisen und Pizzalieferungen ins Ferienhaus.

Ginostra

› **L'Incontro** €€ <187> Ginostra, Tel. 090 9812305, www.ginostraincontro.it, Mai–Mitte Sept. Restaurant mit Terrasse am Hauptweg, Schwerpunkt auf Fisch. Feine Gerichte wie Thunfisch-Carpaccio, Pasta mit Tintenfisch-Tinte oder *Caponatina Siciliana.*

046li-fk

Souvenirs gibt es überall

› **La Stella** €€-€€€ <192> Ginostra, Tel. 090 9811897, Mai–Mitte Sept. Hierher kommen die Besucher von den anderen Inseln fürs Abendessen (und schippern nachts wieder dorthin zurück). Spektakulärer Sonnenuntergang von den Terrassen aus und leckere Rezepte wie Schwertfisch mit Mandelsplitter. Selbstredend ist die Pasta hausgemacht.

Einkaufen

Stromboli-Ort

› **La Bottega del Marano** <188> Via Vittorio Emanuele, Tel. 090 986204, Mo–Sa 8.30–13, 16.30–20 Uhr. Wein, Schinken, Käse, Wurst, Öl, Pasta und noch viel mehr (auch ganz profane Lebensmittel), nicht gerade Schnäppchen, aber nett.

› **La Nave** <189> Via Roma 1. T-Shirts mit Motto, Pareos, Schmuck und Souvenirs.

Ginostra

› **Bazar** <190> Ginostra, Tel. 090 9813161, www.bazarginostra.com, im Sommer tgl. 8.30–13, 16.30–20 Uhr. Ein bisschen Supermarkt, ein bisschen Souvenirladen, ein bisschen Bar.

› **Da Rosita** <191> Ginostra, Tel. 3388777959, im Sommer tgl. 8.30–13, 16.30–20 Uhr. Lebensmittel aus Bioproduktion und Haushaltswaren.

Nachtleben

› Nicht für die ganze Nacht, doch um den Abend einzuleiten: Der **Kirchplatz von Ginostra** (30) hat sich zum Event-Ort gemausert, wo man sich zum Aperitif trifft und die *Passeggiata* sozusagen stehend und mit Blick auf das Abendrot absolviert – ein Muss.

› **Blu Notte** <193> Via Col Vento 16, Stromboli-Ort (Hafenzone), 8–1 Uhr (Sommer bis 3 Uhr). Cocktails und Musik (auch live) bis in die späte Nacht.

› **La Tartana Club** <194> Via Regina Elena, Stromboli-Ort, Juni am Wochenende, Juli/Aug. tgl. 23 Uhr bis spät. Abseits gelegener Club.

047li-fk

⌃ *Der „Strand“ von Pollara hat seinen ganz eigenen Charme*

Salina

Auf den höchsten Gipfel der Äolen gelangt man auf zahlreichen Wegen von allen Orten der Insel aus. Salina ist ein Wanderparadies mit ausgezeichneter touristischer Infrastruktur und Heimat des Malvasia-Weines, der schon Caesar begeistert haben soll.

Salina bildet als einzige Insel eine **von Lìpari unabhängige Verwaltungseinheit** mit drei Gemeinden: dem Hauptort Malfa im Nordwesten, Santa Marina Salina (abgekürzt S.M. Salina) im Nordosten (Haupthafen) und Leni/Rinella im Süden (Nebenhafen). Die **Hauptstrände** liegen nördlich von Santa Marina und bei Lìngua, der reizvollste ist allerdings der von Rinella. Ansonsten sind Bademöglichkeiten nur limitiert vorhanden und vornehmlich felsig – einer der Gründe, weswegen die Bewohner Salinas sich nicht mit Haut und Haaren dem Tourismus verschrieben haben, sondern mit **Landwirtschaft** (und besonders dem Wein- und Kapernanbau) eine gewisse Eigenständigkeit bewahren konnten. Alle Orte sind über **gute Straßen** miteinander verbunden.

Geologisch enstand Salina vor etwa 230.000 Jahren, als sich die ersten beiden Krater aufbauten (in der Gegend des Pizzo Capo im Nordosten und bei Pollara im Westen). Die heute dominierenden Zwillingskegel Monte Fossa delle Felci und Monte Rivi entstanden vor etwa 140.000 Jahren als Stratovulkane. Vor etwa 65.000 Jahren explodierte schließlich der Monte dei Porri. Mit der Eruption eines neuen Vulkans bei Pollara vor 13.000 Jahren endeten die Aktivitäten.

Wie Panarea war auch Salina in der frühen Bronzezeit besiedelt (Funde wurden u.a. bei Rinella ausgegraben). Und wie auf Panarea verschwanden die ursprünglichen Bewohner zwischen 1300 und 1200 v.Chr., ohne allerdings von neuen Siedlern vom Festland abgelöst zu werden. Erst die Griechen setzten die **Siedlungsgeschichte** fort und nannten die Insel „Δίδυμη“ („Dídymē“ – Zwilling“). Die antiken Römer sorgten anschließend für den neuen Namen

Inselrundfahrt Salina

Die **Straßennetz** Salinas ist überschaubar: Die Straße verläuft über 15 km entlang der Ost- und der Nordküste, eine weitere (10 km lange) quert das Inselinnere von Malfa im Norden über Valdichiesa auf 300 m Höhe nach Leni und Rinella im Süden. Die Inselrundfahrt mit Auto oder Vespa ist also locker in einem Tag zu unternehmen, wobei man dann aber auch wirklich alles gesehen hat. Aber nach Salina kommt man ja nicht des Sightseeings wegen, sondern um zu wandern.

Fahrzeugvermieter sind in Santa Marina und in Malfa zu finden. Eine Möglichkeit, bei der Inselerkundung ins Wasser zu springen, gibt es in allen Orten. **Lìngua** 32 besucht man sinnvollerweise abschließend, mittags oder nachmittags, wenn die Restaurants geöffnet sind.

Man verlässt **Santa Marina** 31 vom Hauptplatz auf der Küstenstraße nach Norden, die sich aber bald in mehreren Kehren den Berg hochschwingt und kurvenreich zum **Capo Faro** führt. Oberhalb des Meers geht es nun auf meist gerader Straße und an viel Schilf vorbei mit schönem Ausblick nach Westen. Kurz bevor man in das Einbahnstraßensystem **Malfas** 33 einfährt, wird es noch einmal etwas kurviger. An diesem Punkt angelangt, sollte man so schnell wie möglich einen Parkplatz suchen, denn Parkplätze sind hier Mangelware.

An der Kreuzung hinter Malfa hält man sich nach rechts Richtung **Pollara** 34 und gelangt mit Panoramablick unterhalb eines burgähnlichen Gebäudes zum **Aussichtspunkt von Vedetta** mit gepflastertem Weg, Holzgeländer und Sicht auf Filicudi und Alicudi. Aus den gotischen Bögen der Burg blickten einmal Beobachter der italienischen Marine übers Meer, der Volksmund nennt sie „guardiano stanco" („müder Wächter"). Mit Blick auf Pollara geht es nun in weiten Serpentinen hinunter zu der Ebene über dem Meer.

Zurück am Abzweig bei Malfa nimmt man nun die Straße „ins Gebirge". In **Valdichiesa** startet die beliebteste Anstiegsvariante hoch zum Monte Fossa dei Felci, schließlich spart man sich 300 Höhenmeter. An Weinbergen vorbei fährt man nach **Leni** 35 hinüber. Hier beginnen die Serpentinen hinunter nach Rinella.

der Insel. An der Südostspitze nutzten sie die Topographie für den Bau einer Saline, die heute noch als **Laghetto di Lìngua** erhalten ist.

Sattgrün ist die Insel, die Flanken der beiden Hauptgipfel **Monte Fossa delle Felci** (962 m) und **Monte dei Porri** (860 m) sind mit Kastanien, Kiefern und Eichen dicht bewaldet und ermöglichen mit ihren schattigen Wegen auch in der Tageshitze des Hochsommers ausgedehnte Wanderungen.

31 Santa Marina Salina ★★ [D2]

Santa Marina ist ein richtiges kleines Städtchen mit einem großen Hauptplatz am Meer und einer – wenn auch kurzen – Einkaufsstraße mit Boutiquen und Souvenirläden.

Am Hauptplatz direkt beim Fähranleger steht die Pfarrkirche **Chiesa Maria Santissima Addolorata.** Die sauber restaurierte, einschiffige Kirche aus dem 18. Jh. ist zurückhaltend barock in Pastellfarben ausgestattet und mit ihren Fenstern am Tonnengewölbe hell und licht. Links der Kirche erreicht man nach 50 m auf der Via Cristoforo Colombo die eigentliche Hauptstraße, die parallel zum Lungomare verlaufende, leicht ansteigende **Via Risorgimento** mit Läden, Hotels und Restaurants. Sich rechts haltend, sieht man an der nächsten Ecke ein kleines Schild, das auf das **Museo di Vino** neben dem Rathaus weist. Der Eingang befindet sich in der Gasse. Die frühere Weinkellerei beschreibt die Geschichte des Weinanbaus.

› **Museo di Vino** <195> Mo–Fr 10–12 Uhr, Schlüssel im Rathaus um die Ecke, Eintritt: frei

Fundamente einer **römischen Therme** und einer Fabrik für Fischsoße wurden bei der Contrada Barone am nördlichen Ende des Lungomare freigelegt (Hinweisschild am Beginn des Strands). Hier beginnt auch der grobkiesige, mit Wackersteinen durchsetzte **Stadtstrand.**

Außerhalb von Santa Marina (2,2 km nördlich der Therme) führt linker Hand ein Treppenweg den Berg hoch zur **archäologischen Zone von Portella.** Auf dem Areal hat man die Reste von 23 Rund- und Ovalhütten entdeckt, die der Milazzese-Kultur Panareas zugerechnet werden. Die Grabungsfunde befinden sich in den Museen von Lìngua und Lìpari. Zahlreiche Schautafeln vor Ort (auch in Englisch) erläutern das Dorf. Die Aussicht auf die Küste ist fantastisch – es lohnt also die Mühe, den Treppenweg mit seinen 630 Stufen zu begehen (100 Höhenmeter, 30–60 Min. Zeitaufwand, am besten am späteren Nachmittag).

› *Ein entspannter Mittag in Lìngua*

32 Lìngua ★★ [D3]

Die wohl schönste Promenade Salinas zieht sich am Meer entlang und lockt die Sommergäste mit Terrassenrestaurants und künstlichen Meerwasserbecken.

Ein rundes Dutzend Häuser drängt sich an der kleinen Lagune im äußersten Südosten. Ansonsten ist die überschaubare Küstenebene locker mit Villen bebaut. Der Lungomare ist breit, Verkaufsstände bieten Nützliches und Sinnloses, die Terrassen der Restaurants sind für äolische Verhältnisse riesig und meist wohlgefüllt. Man fragt sich immer, wo die ganzen Leute herkommen. Das Ufer schützen wildgewürfelte Molen und bilden so etwas wie Becken, in denen Boote und Touristen im warmen Wasser dümpeln. Eine „Badeanstalt“ mit Bar, Schirmen und Liegen ist der **Lido Gharb** am Wackersteinstrand am Ende der Straße.

Die Strukturen der römischen Salinen mit ihren Becken sowie Zu- und Abläufen sind heute nicht mehr zu sehen, sie befinden sich unter der Wasseroberfläche des Sees. Stattdessen gibt es die beiden Ableger des **städtischen Museums** von Santa Marina. Die archäologische Abteilung zeigt u. a. eine 1955 bei Portella (zwischen Santa Marina und Capo Faro) bei den Grabungen an einem Dorf der mittleren Bronzezeit entdeckte Glasperlenkette aus dem 2. Jt. v. Chr. Im ethnoanthropologischen Bereich (im benachbarten Gebäude) sind Backofen, Olivenpresse, Getreidemühle, weiteres Werkzeug, Schiffsmodelle und Haushaltsgegenstände ausgestellt.

› **Museo Civico Lìngua** <196> Via Pantano, Tel. 090 9843522, Juni bis Mitte Juli Di–So 10–18, Mitte Juli bis Mitte Sept. 14–22 Uhr, Eintritt: 6 €

048li-fk

33 Malfa ★ [C1]

Hoch über dem Meer sind die Häuser des Orts locker über die Hügel verteilt und man muss schon suchen, um so etwas wie ein Zentrum zu finden.

Ferienvillen, ein paar Hotels und Restaurants, verschlungen kurvige Einbahnstraßen – das ist Malfa. Hat man allerdings seinen Platz gefunden (wie z. B. das hochgelobte Hotel Signum, s. S. 88), wird Malfa zur Oase: ein grünes Paradies mit abgeschotteten Inseln des Friedens. *Passeggiata* darf man hier nicht erwarten, die Sommergäste des Orts wohnen exklusiv und wollen ihre Ruhe.

Das **Emigrationsmuseum** widmet sich eindrücklich den zahllosen Menschen, die aus wirtschaftlichen Gründen im 19. und im 20. Jh. die Äolen Richtung USA, Australien und Südamerika verlassen haben.

› **Museo dell'Emigrazione** <197>
Via Fontana 4 (Seitenstraße der Via Vittorio Emanuele gleich südlich der Kirche), www.facebook.com/museoeolianosalina, tgl. 17–20 Uhr, Eintritt: frei

34 Pollara ★★ [B1]

Die Streusiedlung ist die Grande Dame der Insel, schließlich wurde hier der berühmte Film „Il Postino" abgedreht – ideal für Einsamkeit suchende Gäste.

Um es gleich zu sagen, das Haus, das im **Film „Der Postmann"** von 1994 mit Philippe Noiret in der Rolle des Pablo Neruda dem Dichter als Wohnhaus diente, ist in einem erbarmungswürdigen Zustand. In den 1990er-Jahren als Museum geführt, schloss es bald seine Pforten und seitdem streiten die Erben. Von der Via Leni aus kann man einen Blick auf das Gebäude werfen. Noiret und sein (verstorbener) Co-Schauspieler Massimo Troisi entspannen sich als Wandmalerei am Kirchplatz.

Wer in Pollara ist, „tanzt auf dem Vulkan". Vor 13.000 Jahren, beim letzten Ausbruch auf Salina, kollabierte der Krater und seine ganze westliche Hälfte brach weg und fiel ins Meer. Auf Luftaufnahmen ist der halbe Kessel deutlich zu erkennen.

Die vorgelagerte kleine Felsinsel **Scoglio di Faraglione** markiert einen Teil der versunkenen Kraterhälfte.

Pollara ist das Zentrum des **Kapernanbaus** auf Salina. Stilecht und am schönsten nächtigt man deshalb im Agriturismo Al Cappero (s. S. 88), der auf seinen Terrassenfeldern die köstliche Kleinigkeit kultiviert – per Handarbeit, was seinen Preis hat, sich aber auch in der Qualität niederschlägt.

35 Rinella/Leni ★★ [B2]

Der winzige Hafen ist selbst im Hochsommer verschlafen, die wenigen Besucher baden am Sandstrand zwischen Fischerbooten.

Auf dem Weg von Malfa nach Rinella passiert man erst auf 300 m Höhe genau zwischen den beiden Gipfeln den Weiler Valdichiesa mit dem **Santuario della Madonna del Terzito**, dem bedeutendsten Heiligtum der Insel, das an der Stelle eines antiken Tempels errichtet wurde. Ende Juli ist es das Ziel für eine große Wallfahrt, ein Fest, das natürlich auch mit Malvasia begossen wird – die Hochebene ist schließlich das Zentrum des Weinanbaus auf Salina.

Der Legende nach lebte hier im 5. oder 6. Jh. ein byzantinischer Mönch in einer Einsiedelei. Durch ihn sei ein Marienkult entstanden, der sich über ganz Sizilien verbreitet habe, weswegen der Bischof Lìpari im Jahr 700 den Bau einer Kirche in Valdichiesa befahl. Der Grundbesitzer Alfonso Mercorella soll am 23. Juli 1622 schließlich die Ruinen der Kirche gefunden haben. Just in diesem Moment hörte er Glocken läuten. Diese Erscheinung führte zum Bau einer Kapelle. Die heutige Kirche wurde 1901 begonnen und in mehreren Abschnitten vollendet (die Türme stammen von 1948).

› **Santuario della Madonna del Terzito**
<198> Contrada Terzito, Valdichiesa,
8–12, 16–20 Uhr

Kurz bevor die Serpentinen hinunter nach Rinella führen, kommt man auf 200 m Höhe durch **Leni**, das an Sehenswertem – außer der Landschaft und den Blick auf den Monte dei Porri – aber nichts zu bieten hat.

Schöner ist dann **Rinella** unten am Wasser, wo auch die Fähre aus Neapel einmal die Woche anlegt und wo die Aliscafi auf ihrem Weg von und nach Filicudi mit kurzem Halt vorbeidüsen. Viel los ist in Rinella allerdings nicht: Es gibt zwei Bars, Restaurants, einen Laden, eine Boutique,

Wanderungen

Salina ist das **Wanderparadies** der Äolen, die **Wanderung Nr. 1** (s. S. 105) beschreibt detailliert den Verlauf von Santa Marina Salina hoch zum Monte Fossa delle Felci. Weitere Wanderungen sind vorzüglich markiert und die meisten Wege werden gepflegt. Ein Großteil der Pfade führt sternförmig auf den **Monte Fossa**, von Santa Marina mit zwei Varianten, von Malfa, von Valdichiesa (wobei man von hier aus die meisten Höhenmeter spart) und von Leni. Auch von Lìngua führt ein Weg hoch. Er ist allerdings sehr selten begangen, teils verwachsen und unzulänglich markiert. Die Westseite der Insel kann man über den **Monte dei Porri** überqueren. Der Weg verbindet Leni mit der ehemaligen Marinestation Vedetta oberhalb von Pollara. Der dichte Bewuchs Salinas erlaubt weitgehend Ausflüge im Schatten, wenn auch bei hohen Temperaturen die ebenfalls recht hohe Luftfeuchtigkeit zu schaffen machen kann.

zwei kleine Hotels und den einzigen Sandstrand von Salina. Wie auf einer schrägen Rampe sind die Fischerboote aufgebockt, fast in den Ort hineingezogen. Zwischen ihnen breitet man sein Handtuch aus und kann sich fühlen wie in Italien der 1950er-Jahre – oder man geht 50 m zu der kleinen, ebenfalls schwarzsandigen Nebenbucht. Im August liegt man hier schon mal eng an eng, sonst sind nur Tagesausflügler aus Malfa und Santa Marina da.

Strände

Der eigentliche Badestrand (Wackersteine) von **Santa Marina Salina** 31 befindet sich nördlich des Lungomare bei der Contrada Barone, aber man kann auch an dem kleinen Abschnitt gleich nördlich des Fähranlegers ins Wasser gehen.

Am **Capo Faro** (am nordöstlichen Inselende) führt direkt beim Leuchtturm (den Schildern „Capo Faro Resort" folgen) eine für den Verkehr gesperrte, schon halb verfallene und – wie die zahlreichen Felsbrocken bezeugen – steinschlaggefährdete Pflasterstraße hinunter zu einem Wackersteinstrand (zehn Gehminuten vom Leuchtturm).

Malfas 33 Strand Alla Scario/Maracaibo besteht aus riesigen Wackersteinen und ist nicht geeignet, um sich hinzulegen. Gelöst wird das Problem mit der Vermietung von dicken Luftmatratzen (bzw. kleinen Flößen), mit denen man auch im Wasser paddeln kann. Außerdem gibt es eine Resto-Bar und darüber die Restaurant-lounge In Se Natura (s. S. 91).

Der Strand von **Rinella** 35 besteht aus schwarzem Sand und ist direkt neben dem Hafen. Hier badet man pittoresk vor der Häuserkulisse und hat zum Mittagessen nicht weit. Es ist die charmanteste Lösung für ein Bad auf Salina.

Um in **Pollara** 34 zu baden, muss man erst einmal den steilen Treppenweg hinabsteigen (165 Stufen). Unten haben die Fischer ihre Boote in Höhlen gelagert, das Handtuch kommt auf Steinstufen oder einen Felsen, und dann nichts wie ins Wasser, denn viel Platz ist am Ufer nicht. Dafür gibt es zur Versorgung eine hochradbetriebene „Körbchen-Seilbahn" von der L'Oasi Snack-Bar (s. S. 90).

Über der einst tollen Badebucht mit Sandstrand wenige Meter weiter südlich, für den Pollara berühmt war, sind die Klippen eingestürzt und der bei Ebbe noch entstehende schmale Streifen ist hochgradig durch Steinschlag gefährdet und gesperrt.

Ein kleiner – verborgener – Strand mit Kies, Wackersteinen und Felsen findet sich in Höhe des Ortsschilds von **Lìngua** 32. Man parkt und unterquert die Straße durch einen Fußgängertunnel. In Lìngua hat man noch die Wahl, entlang des Lungomare durch Molen geschützt zu baden (und gesehen zu werden) oder man geht ein Stück Richtung See und lagert sich an dessen Nehrung auf Wackersteinen oder grobem Kies.

Infos und Reisetipps

- **Info Point Salina** <199> Via Cristoforo Colombo, S. M. Salina, Juni–Okt. tgl. 8–13, 16–20 Uhr, Tel. 3336828030
- **Post/Ufficio Postale Salina** <200> Via Risorgimento 130, S.M. Salina, Mo–Fr 8.20–19.05, Sa 8.20–12.35 Uhr
- **Siremar/Liberty Lines Salina** <201> S.M. Salina, Büro oberhalb des Fähranlegers, Tel. 090 9843003; Ticketgebäude am Hafen von Rinella 35 (Kiosk), Tel. 090 9809170

- **Citis Busverkehr,** Tel. 090 9844150, www.trasportisalina.it. Einzelfahrt je nach Entfernung 1,90–2,90 €, Hin- und Rückfahrt 3–4,80 €, 12 Fahrten 13,50–21,10 €, 40 Fahrten 41.30–64,60 €, Inselrundfahrt 7,80 €. Zwei Routen mit im Sommer fast stündlichen Abfahrten von frühmorgens bis spätnachts: Lìngua–Santa Marina–Malfa–Valdichiesa–Leni–Rinella und Malfa–Pollara. Im Winter etwas eingeschränkter Service, Tickets im Bus.
- **Fahrzeugvermietung/Tourist Service** <202> Via Roma 112, Malfa, Tel. 090 9844034, www.touristservicesas.it, Vespa ab 20 €/halber Tag, Auto ab 50 €/halber Tag, Rad ab 20 €/Tag
- **Fahrzeugvermietung/Noleggio da Enza** <203> Porto, Rinella, Tel. 090 9809408, Vespa ab 20 €/halber Tag

Unterkünfte

Santa Maria Salina

- **Arcangelo** €€-€€€€ <204> Via Roma 62, Tel. 090 9843260, www.hotelarcangelosalina.com, Mitte April–Okt. Sehr nette Anlage mit 15 komfortablen Terrassenzimmern (und Zugang zu einer Kochmöglichkeit) und einem relativ großen Pool oberhalb von Santa Marina mit einer tollen Sicht über das Meer.
- **I Cinque Balconi** €€-€€€€ <205> Via Risorgimento 38, Tel. 090 9843508, www.icinquebalconi.it. Sehr angenehmes, durchgestyltes Boutiquehotel mit nur zehn Zimmern und einem herrlichen, kleinen Garten voller Früchte. Illustre Gäste.
- **La Palma** €€-€€€€ <206> Via Speranza 11, Tel. 3664677111, www.andandopoelmundo.com/italia/santa-marina-salina/bb-la-palma, Mai–Sept. Fünf elegant in mediterran-luftigem Stil eingerichtete Zimmer und zwei Apartments im Ort (etwas steiler Anstieg, Abholung am Hafen möglich).

Malfa

- **À Alera** €€-€€€ <207> Via Roma 10, Tel. 090 9844168, www.alerasalina.it, März–Okt. Modern-elegant eingerichtetes Edel-B&B mit sechs Terrassenzimmern.
- **Santa Isabel** €€-€€€€ <208> Via Scalo 12, Tel. 090 9844018, www.santaisabel.it, Mai–Sept. Boutiquehotel mit 12 großzügigen Zimmern über kleine Gebäudeblocks und Terrassen verteilt, hübsche Architektur, aber einige Zimmer zur Straße.
- **Signum** €€€€ <209> Via Scalo 15, Tel. 090 9844222, www.hotelsignum.it, April–Okt. 30 Zimmer und Suiten in einem der besten Hotels des Archipels. Hinzu kommen eines der besten Restaurants und definitiv das beste Wellness-Zentrum (unter freiem Himmel).

Leni/Valdichiesa/Rinella

- **L'Ariana** €€-€€€ <210> Via Rotabile 11 (beim Hafen), Tel. 090 9809052, www.ilborgodirinella.com. Hotel in einem Herrenhaus, das sich eine über die Welt verteilte Emigrantenfamilie Anfang des 20. Jh. erbauen ließ, um gemeinsam den Urlaub in der einstigen Heimat zu verbringen. Nett gemacht. Mit Restaurant.
- **Solemar** €€€ <211> Via Roma 8, Leni, Tel. 090 9809445, www.solemarhotel.it, April-Okt. 14 saubere und praktisch eingerichtete Zimmer (teils mit Panoramablick) abseits des Meers im Ort Leni. Freundliche 3-Sterne-Anlage mit Restaurant, Shuttleservice zum Rinella-Strand.

Pollara

- **Agriturismo Al Cappero** €€ <212> Via Chiesa 38, Tel. 090 9843968, www.alcappero.it, Juni–Sept. Sechs gemütliche Zimmer mit Terrasse, Bad

Wenn es heiß ist, isst man am besten einen frischen Salat

und Küche, gutes Restaurant mit bodenständiger Küche (Halb- und Vollpension möglich), nur wochenweise anzumieten.

› **Locanda del Postino** €€€-€€€€ <213> Via Picone 10, Tel. 090 9843958, www.lalocandadelpostino.it, Mai–Sept. Zehn Zimmer mit Klimaanlage, TV und Minibar, Restaurant.

Lìngua

› **Hotel A Cannata** €€-€€€€ <214> Via Pantano, Tel. 090 9843161, www.acannata.it. Moderne, ausgesprochen sauber und perfekt unterhaltene Anlage mit Zimmern in mediterranem Stil. Gleichnamiges Restaurant (s. S. 91) etwas abseits gelegen. In einem weiteren Gebäude auch B&B unter derselben Leitung.

› **La Salina** €€-€€€€ <215> Via Manzoni 4, Tel. 090 9843441, www.lasalinahotel.com, April–Mitte Okt. Neben der Saline sind 24 Zimmer auf fünf in die Landschaft eingepasste Gebäude verteilt, in blendendem Weiß, sehr sauber und fast luxuriös und (bis auf Aug.) zu sehr fairen Preisen.

Essen und Trinken

Santa Marina Salina

› **Antica Pasticceria Matarazzo** € <216> Via Lungomare 1, Tel. 090 09843000, geöffnet 7–23 Uhr. Das Traditionscafé für Süßigkeiten, köstliches Eis und die wohl beste *Granita* der Insel.

› **Bar/Rosticceria La Vela** € <217> Via Risorgimento 135, Tel. 090 9843541, www.facebook.com/cocktailbarlavela, ab 8 Uhr. Terrassencafé direkt am Fähranleger mit gutem Gebäck und Snacks wie Salatteller (auch Restaurant).

› **Nna Piruzza/Rundu** € <218> Via Risorgimento 150, Tel. 090 9843476, www.facebook.com/gastronomiarundosalina, 10–22 Uhr. Italienisches Streetfood wie *Arancini* und *Piadine*, aber auch Hamburger, Pommes und Pizza.

› **Nni Lausta** €€€ <219> Via Risorgimento 88, Tel. 090 9843486, www.facebook.com/nnilausta, im Sommer tgl. 12–16, 19–24 Uhr. Fischlokal mit Hinterhoffreisitz, das auch immer ein vegetarisches Gericht anbietet, Schwerpunkt ist aber Fisch in der ganzen Bandbreite: von den Tintenfischspaghetti bis zur Schwertfischroulade.

› **Portobello** €€€€ <220> Via Lungomare, Tel. 090 9843125, www.portobellosalina.com, tgl. 12–14.30, ab 19.30–23.30 Uhr. Anspruchsvolles Fischrestaurant, auch mit naturalisierter Sushi-Küche, nicht günstig, dafür mit Aussicht und in bester Qualität: Probieren sollte man Calamaretti in Zwiebel-Malvasia-Marinade oder Gamberi mit Zucchini und Pistazien.

› **Trattoria Cucinotta** €€ <221> Via Risorgimento 66, Tel. 090 9843475, www.facebook.com/pages/Trattoria-Cucinotta/184780891597440, im Sommer tgl. 12–15, 19–23 Uhr. Eine nicht allzu große Terrasse, eine engagierte Familie und hervorragende äolische Spezialitätenküche. Im Juli/Aug. unbedingt reservieren (am besten am Vortag). Wegen der guten Preise und der leckeren Gerichte (Sardellentörtchen!) ungeheuer beliebt.

049li-fk

Malfa

› **La Pinnata del Monsù** €€€ <222> Via Sorgente 1, Tel. 3289225889, www.facebook.com/www.lapinnatadel monsu.it 12–15, 19.30–23 Uhr. Äolische Küche in familiengeführter Trattoria (selbstgemachte Ravioli, sehr gute Tintenfischpasta), Panoramaterrasse mit Blick über die Weinpflanzungen Malfas und das Meer, auch fürs Mittagessen angenehm.

› **Pane, Amore e Fantasia** € <223> Via Roma 88, Tel. 3336205480, 8–12, 17–19 Uhr. Bäckerei mit unterschiedlichen Brotsorten (auch Vollkornbrötchen) und appetitlich belegten Panini.

Pollara

› **L'Oasi Snack-Bar** € <224> Tel. 3490059127, www.facebook.com/OasiPollara, im Sommer 9.30–21.30 Uhr. Eine Institution in Pollara, kleine Gartenbar an der Kirche mit Snacks, die auf Vorbestellung und per „Körbchen-Seilbahn" Panini, Focacce, Salate oder auch einen Aperitif an den Strand transportiert (und im Sommer gibt es jeden Tag um 18 Uhr den Film „Il Postino").

Leni/Valdichiesa/Rinella

› **Agriturismo Galletta** €€ <225> Via Ruvoli 7, Valdichiesa, Tel. 090 9809192, www.gallettasalina.com, April-Sept. 12–15, 19–23 Uhr. Sympathischer Landgasthof mit Zimmervermietung (sechs Zimmer, 30 Gehminuten zum Strand) nahe der Wallfahrtskirche und großem Restaurant mit guter Hausmannskost auf der schönen Terrasse mit Fernsicht. Fisch- und Fleischküche, frische Pasta und viel Gemüse vom eigenen Hof wie Auberginenrouladen.

› **Al Glicine/Paperò** €€ <226> Via Rotabile, Rinella, Tel. 090 9809161, www.instagram.com/pa.pe.ro, 8–23 Uhr. Terrassenlokal mit Lounge-Atmosphäre und leichten Mahlzeiten wie Salat, Bruschetta, Eis und *Granita*, abends gute Cocktails.

050li-fk

Und das Meer ist so blau, so blau …

- **Da Marco** €€ <227> Via Rotabile 18, Rinella, Tel. 090 9809231, www.facebook.com/pizzeriadamarcorinella, 12–15, 19.30–23.30 Uhr. Restaurant im Ort (kein Freisitz), abends Pizza (Sa/So auch mittags).

Lìngua

- **A Cannata** €€ <228> Via Umberto 13, Tel. 090 9843161, 12–15, 19–23 Uhr. Verlässliche Fischküche mit Terrasse im Schatten alter Kiefern und Blick auf die Meerespromenade. Auf der Karte stehen Standards wie Schwertfischrouladen und Pasta mit Meeresfrüchten, aber auch seltenere Rezepte wie Tintenfisch mit karamelisierten Zwiebeln. Gleichnamiges Hotel angeschlossen (s. S. 89).
- **Da Alfredo** €-€€ <229> Via Vittorio Alfieri 11, Tel. 090 9843075, www.facebook.com/DaAlfredosalina, 9–24 Uhr. Direkt an der Strandpromenade gibt es nichts, was es nicht gibt: Pizza, Pasta, Panini und *Pane Cunzato*, das aufgehübschte Brot. Davor Antipasti, danach Eis und Kuchen – egal, was man wählt: Alfredo ist eine Institution.

Einkaufen

Santa Marina Salina

- **amaneï** <230> Via Risorgimento 71, www.amanei.com. Bilder und Bücher über die Inseln (auch Karten).
- **Eolo Alimentari** <231> Via Risorgimento 208. Lebensmittel in Hafennähe Ecke Via Risorgimento und Via Lungomare.
- **Indigo** <232> Via Risorgimento 124, www.indigoeolie.com. Klamotten, Schmuck und Accessoires ohne die „frau" abends nicht ausgeht (wenn sie dazu gehören will).
- **Terre di Salina** <233> Piazza Santa Marina, Tel. 3381053975. Alles, was es an Delikatessen auf der Insel gibt: Kapern, Käse, Wurst und Wein, ferner belegte Brötchen und Salate.

Malfa

- **Azienda Agricola Marchetta** <234> Via Umberto I 9, www.facebook.com/vinidisalina.it. Wein vom Fass oder in Flaschen und Kapern in Öl oder Salz in diversen Sortierungen und Qualitätsstufen.

Valdichiesa

- **Agriturismo Galletta** (s. S. 90). Eingelegte Kapern, Malvasia, verschiedene Pasten (Kapern, wilder Fenchel, Oliven mit Mandeln) und diverse Marmeladen.

Pollara

- **Sapori Eoliano** <235> Via Leni 20, www.saporieolianisalina.it. Kapern pur oder als Pesto im Hauptanbauort.

Nachtleben

Santa Marina Salina

- **Il Ciclope** <236> 6 km vor Rinella, Tel. 349 1353625, im Sommer ab 19 Uhr. Lounge, Cocktailbar, Pizzeria und Disco, in die alle gehen.
- **Le Papagayo Lounge** € <237> Piazza Santa Marina 4, Tel. 3331410974, ab 17 Uhr. Kleine Bruschette, gute Cocktails und im August Livemusik und manchmal heftiges Abtanzen auf der Piazza.
- **Rapanui Disco Bar** € <238> Contrada Barone, Tel. 090 9843546, https://rapanuiresort.com, Juli/Aug. Bar und Lounge-Betrieb und zu späterer Stunde Disco.

Malfa

- **Capofaro** <239> Via Faro 3, Tel. 090 9844330, www.capofaro.it, Juni–Mitte Sept. Freiluftkonzerte mit Jazz-, Soul- und Ethno-Bands auf dem Grund des gleichnamigen Boutiquehotels.
- **In Se Natura** <240> Via Nuova Indipendenza 7, Tel. 090 9844577, www.facebook.com/insenaturaloungebar. Lounge, Bar und Restaurant über dem Strand von Malfa. Perfekt für Sundowner und spätabendliche Cocktails.

051li-fk

Rinella

- **L'Ariana Lounge Bar** <241> Tolle Lage oberhalb des Kais mit Tischen auf dem gepflasterten Fußweg, gute Cocktails.
- **L'Osservatorio Lounge Bar** <242> Aperitif und Cocktails hoch über dem Meer.

Filicudi

Wer nach Filicudi kommt, kann auf Sandstrand verzichten, denn hier findet man Ruhe, Entspannung und malerische Sonnenuntergänge. Aber auch wer sich für Archäologie interessiert, wird fündig. Mit dem Capo Graziano 36 *besitzt die Insel eines der bedeutendsten Grabungsfelder zur Prähistorie.*

Entdeckt ist die Insel leicht. Mit einer Vespa fährt man in weitem Bogen am Capo Graziano 36 vorbei hoch zum Dorf **Valle Chiesa** mit seiner weithin sichtbaren Kirche. Auf dem Weg nach oben hat man zwei Möglichkeiten, um nach Westen in Richtung Pecorini und **Pecorini Mare** 37 abzubiegen.

Blick auf die Hauptinsel Filicudis

Enstanden ist Filicudi vor 246.000 Jahren mit den Eruptionen des Fossa Felci, des Monte Guardia (oberhalb von Filicudi Porto) und des Monte Terrione (bei Valle Chiesa). Auch die Entstehung der Halbinsel Capo Graziano fällt in diese Zeit. Wesentlich jünger sind die Eruptionen und der Aufbau der Vulkane Montagnola (64.000 Jahre) an den Südhängen und Zucca Grande (56.000 Jahre) an den Nordhängen. Die Felsgruppe rund um Canna, 1 km westlich von Filicudi im Meer, entstand während eines eigenständigen vulkanischen Ereignisses vor 29.000 Jahren.

Erstmals war Filicudi im Neolithikum vor 5000 Jahren im Bereich der Landbrücke zur Halbinsel Capo Graziano **besiedelt.** Die Bewohner bearbeiteten und handelten mit Obsidian. Da dieser Standort nur schwer zu verteidigen war, zog man schließlich hoch an die Flanken des Halbinselbergs. Ab dem 14. Jh. v. Chr. war Filicudi unbewohnt. Neue Siedler kamen im 6. Jh. v. Chr. aus Griechenland, aber auch sie verschwanden und eine Neubesiedelung fand erst unter den Römern statt. Mit dem Niedergang

Inselrundfahrt Filicudi

Von der Anlegestelle führt ein guter, aber steiler **Fußpfad** nach oben zu den beiden Unterkünften Villa La Rosa und La Canna (s. S. 95, 15 Min.). Mit dem **Roller** fährt man vom Hafen (wo die Dependance des Archäologischen Museums von Lìpari links neben dem Restaurant da Nino de facto seit Jahren nicht mehr existent ist – nur ein kleiner Raum steht offen) entlang des Lungomare nach Süden und biegt hinter der Pizzeria Hippocampus nach rechts ab. Nach 700 m weist in einer Kehre ein Schild zur Grabungsstätte **Capo Graziano** 36. 400 m weiter liegt linker Hand die archäologische Zone **Filo Braccio** (der erste Siedlungsplatz).

Nun führt die Straße nach oben in den Gemeindeteil Rocca dei Ciauli mit Hotel und Pension. Nächste Station ist die thronende Kirche Santo Stefano in **Valle Chiesa** (1827–97) – 5 km vom Hafen. Auf der Fahrt nach oben passiert man den abzweigenden **Wanderweg** zur einzigen Süßwasserquelle der Liparen bei Zucca Grande (Wanderung Nr. 3, s. S. 110). In Valle Chiesa beginnt der Wanderweg (Anstieg 450 m, 1½ Std.) zum Fossa Felci. Bei der Hochfahrt hat man 30 m hinter der letzten Haarnadelkurve den Punkt des Wanderungsbeginns passiert (der Weg auf der rechten Seite, nicht der Weg direkt in der Kurve). Nach 70 m hält man sich bei der nächsten Möglichkeit erneut rechts und biegt auf den Pfad nach oben ein (alternativ fährt man an der Kirche vorbei 250 m weiter zu einem Platz mit Baum und Bänken). Vor der kleinen Kapelle geht der gepflasterte Fußweg los. Nach 200 m auf ihm nimmt man den Treppenweg hoch zum Gipfel. Beide Wege vereinen sich weiter oben.

Auf der **Heimfahrt** biegt man nach 2 km in Rocca dei Ciauli rechts in Richtung **Pecorini Mare** 37 ab. Nach 4 km ist die Mole des Weilers erreicht. Auf dem Rückweg sollte man den Aussichtspunkt oberhalb nicht verpassen. Man parkt in der letzten Haarnadelkurve und geht den gepflasterten, mit einem Geländer gesicherten Weg in gut 5 Min. zum **Belvedere Punta della Stimpagnato,** wo man (zur richtigen Zeit) die Sonne blutrot direkt neben Alicudi untergehen sieht – ein perfekter Moment für Verliebte.

des Römischen Reichs versinkt auch die Siedlungsgeschichte im Dunkeln. Ob die Normannen hier waren, ist nicht sicher. Mit dem Ende der Piratenära kamen die Bauern und begannen mit der Terrassierung der Insel.

36 Capo Graziano ★★ [II]

Vor 5000 Jahren siedelten die ersten Menschen auf der Insel und hinterließen die Fundamente ihrer Hütten und allerlei Artefakte.

Schöner kann ein archäologisches Grabungsfeld gar nicht liegen: hoch über der Landbrücke zur Hauptinsel auf einer Terrasse an der Flanke des 174 m hohen Bergs zwischen Trockensteinmauern, Felsen und blühender, duftender Macchia – **Il Villaggio Preistorico della Montagnola.** Zuvor steht aber der Anstieg über einen felsigen, holprigen und steilen Pfad (20 Min.) an. Die Steine der 30 recht regelmäßig zueinander versetzt gebauten Ovalhütten wurden

1956 bis 1969 freigelegt, die Funde ins Museum von Lìpari verbracht. Am Gipfel des Bergs (weitere 20 Min.) hatten die Bewohner einen Kultplatz mit Altar unterhalten. Der ursprüngliche, der Diana-Kultur zugerechnete Siedlungsplatz unterhalb am Meer wurde aufgegeben, da er nicht richtig befestigt werden konnte (auch dort ist der Sonnenuntergang ein schönes Erlebnis).

Um 1430 v. Chr. kamen wohl vom Festland Krieger, die die Menschen vertrieben und die Häuser zerstörten. Erst mit den antiken Griechen begann im 6. Jh. v. Chr. eine Neubesiedelung. Bis in römische Zeit muss der mediterrane Handel mit und um Filicudi prosperiert haben, wie die in der dem Kap vorgelagerten archäologischen Unterwasserzone entdeckten Wracks und Amphoren belegen. Nach dem Verfall Roms blieb die Insel dann bis zum Ende der nordafrikanischen und osmanischen Piraten unbesiedelt.

37 Pecorini Mare ★★ [II]

Der perfekte Platz, um weltabgeschieden seinen Urlaub zu verbringen, und auf gutes Essen muss man dabei nicht verzichten.

Mit „beschaulich" ist die Atmosphäre des Örtchens schon sehr gewagt umschrieben. Man sollte auf alle Fälle genügend Lesematerial dabei haben, aber dann wird man sich bestens **erholen:** eine Reihe weiß gestrichener Häuschen im typischen Stil entlang des Meers mit Terrasse und davor ein schmaler Lungomare. Frühmorgens hüpft man vom Schlafzimmer ins Meer und dann baumelt die Seele. 750 m lang ist der „Strand" von Pecorini Mare – allerdings besteht er aus Wackersteinen, weswegen eine Liege oder eine Luftmatratze sehr hilfreich sind und auch stabile Badeschuhe Sinn machen. Keinesfalls versäumen sollte man das *stabilimento balneare,* die „Badeanstalt" Solarium Lidalina 500 m westlich der Mole (s. S. 96).

Strände

Der Strand von **Filicudi Porto** besteht vornehmlich aus Wackersteinen, sodass die Anmietung einer Liege eigentlich obligatorisch ist.

Zwischen den beiden Grabungsfeldern an der Südseite der Landzunge führt ein gepflasterter Fußpfad zwischen Mäuerchen und anfangs schattig unter Kiefern hinunter zum bewirtschafteten Wackersteinstrand von **Le Punte;** etwas oberhalb serviert eine Strandbar Getränke.

Am schönsten ist es wohl bei **Lido Sirena** westlich von **Pecorini Mare** mit Schirm-/Liegenverleih und dem Strandkiosk (mit Sushi!). Für ca. 30 € darf man zu zweit unter dem Schirm

Mein Tipp

Höhlenschwimmen

Bei einer Bootsfahrt um die Insel ankert man bei der Grotta del Bue Marino („Meeresochsen") im Nordwesten und kann in die Höhle tauchen: Es ist ein eindrückliches Erlebnis, in der riesigen Kammer zu schwimmen und die Farbspiele von Türkis über Azur zu tiefstem Blau zu bewundern. Die Grotte ist mit etwa 30 m Breite und Länge und je 20 m Höhe und Tiefe die wohl größte und schönste der Liparen. Hier siedelte einmal eine Kolonie der namensgebenden Mönchsrobben.

› **Filicudi Wildlife Conservation** <243> Pecorini Mare, Filicudi, Tel. 3494402021, www.filicudiconservation.com

liegen, den ganzen Tag bleiben und die Duschen und Toiletten benutzen. Außerdem gibt es eine (sehr, sehr hilfreiche) Rampe ins Wasser und ein Schwimmfloß auf dem Meer.

Weitere Strände (Wackerstein) oder Buchten sind nur mit dem Boot zu erreichen. Gut besucht sind die Felsen am östlichen Ende des Capo Graziano 36 und an seiner nördlichen Seite (Le Grotticelle), Il Marcatore an der Westseite bei der Grotta del Bue Marino und zwei Strände an der Nordseite (Spiaggia delle Punte und del Porto).

Auch wenn es dort keinen Strand gibt, ist das Schwimmen (und Tauchen) bei der **Canna** beliebt, der westlich vorgelagerten, 71 m hohen, mit einer kleinen Marienstatue bekrönten Felsnadel, die sich noch 150 m unter Wasser fortsetzt. Sie ist auch eine der wenigen alpinen Herausforderungen der Äolen (Erstbesteigung 1973) und einer der drei noch verbliebenen Habitate der hochgefährdeten äolischen Mauereidechse *(podarcis raffonei).*

Infos und Reisetipps

- **Siremar/Liberty Lines Filicudi** <244> Via Nico Santamaria 7, beim Restaurant da Nino, Tel. 327 8827777
- **Fahrzeugvermietung/Cenf** <245> Via Nico Santamaria, Tel. 340 9579831, Vespa ab 20 €/halber Tag (bessere Konditionen für mehrere Tage), auch Bootsverleih

Unterkünfte

- **Casa Monti-de Luca** €€-€€€ <246> Contrada Rocca di Ciaule, Tel. 3282404807, www.casamontideluca.it, Mitte April–Okt. B&B oberhalb von Pecorini Mare mit drei sehr persönlich und geschmackvoll eingerichteten Zimmern, im Aug. nur wochenweise.
- **La Canna** €€ <247> Via Rosa 43, Tel. 090 9889956, www.lacannahotel.it, Ende April–Mitte Okt. Familiengeführtes, einfaches Hotel hoch über dem Hafen (15 Gehminuten), gutes Restaurant, Fernsicht, Schwimmbad, 14 Zimmer.
- **La Casa del Pescatore** €€€ <248> Località Pecorini Mare, Tel. 3332306188, April–Okt. Drei Ferienapartments zur Selbstversorgung mit Terrasse im charmanten Pecorini.
- **La Sirena** €€€-€€€€ <249> Località Pecorini Mare, Tel. 090 9889997, www.lasirenafilicudi.com, Mai–Okt. Am malerischen „Hauptplatz" des Fischerdörfchens Pecorini Mare werden vier einfache Zimmer mit kleinem Balkon vermietet, angeschlossenes Restaurant. Nichts für Lärmempfindliche oder Frühaufsteher, dafür mitten drin im Sommerleben.

0521i-fk

Sonnenuntergang am Hafen von Filicudi

› **Phenicusa** €€-€€€ <250> Via Nico Santamaria 7, Tel. 090 9889946, www.hotelphenicusa.com, Juni bis Sept. 34 Zimmer (zur Hälfte nach hinten) in einer schönen, allerdings in die Jahre gekommen Anlage aus den 1960er-/1970er-Jahren direkt am Wasser. Man hat schon mal die Balkontüre in der Hand. Teilweise Pflicht zu Halbpension (was man unbedingt vermeiden sollte), aber einziges Hotel am Hafen.

› **Villa La Rosa** €€€ <251> Via Rosa 24, Tel. 090 9889965, www.villalarosa.it, ganzjährig. Pension beim Hotel La Canna mit sechs nett eingerichteten Zimmern, gemeinsamer Südsee-Flair-Terrasse und Pflicht zur Halbpension im angeschlossenen Restaurant (im Sommer abends auch Pizza).

Essen und Trinken

› **Da Nino** €€ <252> Filicudi Porto, Tel. 090 9889200, www.filicudieolie.it, 8–23 Uhr. Restaurant mit Fisch- und Fleischküche beim Fähranleger und mit einer großen Terrasse direkt über dem Wasser, gute, typische Restaurantgerichte und auch Rosticceria-Kleinigkeiten, Zimmervermietung (€€€-€€€€).

› **Il Boschetto** €-€€ <253> Via Piano Incrocio, Tel. 347 9922514, Juni–Sept. tgl. 12–15, 19–23 Uhr. Pizza aus dem Holzofen und gute Fischgerichte im Garten – kleine Karte, guter Landwein und Essen ohne Chichi.

› **La Scogliera** € <254> Località Pecorini Mare, Tel. 3406414321, 7–23 Uhr. Rosticceria mit äolischer Küche, Huhn vom Spieß, Panini, frisches Brot, Eis und *Granité*.

› **Solarium Lidalina** €€ <255> Localita Pecorini Mare, Mai–Sept. 8–23 Uhr. Strandkiosk auf den Felsen einer „Badeanstalt" mit Schirmen, Liegen, reichlich Ruhe und unverhältnismäßigen Preisen (zwei Liegen und Schirm für 50 €). Serviert werden Salate und leichte Fischgerichte.

Einkaufen

› **A Putia** <256> Filicudi Porto, Tel. 090 9889968. Lebensmittelgeschäft am Lungomare mit einem Sortiment des Nötigsten und lokalen Produkten.

› **Don Minico** <257> Valle Chiesa, Tel. 330849212. Kantine über der Kirche von Valle Chiesa und unterhalb des Fossa Felci; gekeltert werden Malvasia, Sangiovese und Catarratto, außerdem gibt es diverse Liköre, Pesto und Pasten.

Nachtleben

Besonders ausgeprägt ist das Nachtleben auf Filicudi auch im Juli und August nicht. Die einzige Möglichkeit für Nachtschwärmer bietet das Restaurant der Villa La Rosa (s. links), das im Hochsommer zu späterer Stunde zur Disco mutiert.

Alicudi

Wer sich auf Filicudi einsam fühlt, hat auf Alicudi nichts zu suchen. Die zweitkleinste Insel des Archipels (mit der geringsten Einwohnerzahl) kann aber auch nur wenige Touristen unterbringen – und die wissen, worauf sie sich einlassen.

So abgelegen wie sie im Westen liegt, ist es schon richtig schwierig Alicudi zu erreichen. Der Dampfer Laurana von Neapel kommt gar nicht bis hierher. Immerhin an vier bis fünf Tagen die Woche legt ein **Dampfer aus Milazzo** an (nach 6 Std. Fahrzeit). Nur die **Aliscafi** kommen zwei- bis dreimal am Tag vorbei, je nach Saison (und Wetter!!!). Dennoch: Alicudi ist gerade wegen seiner abseitigen Lage überaus reizvoll. Eine gehörige Portion Kondition sollte man aber mitbringen, denn auf Alicudi heißt es **Treppen steigen.**

Ebene Wege gibt es nicht – der zweite große Pluspunkt: Fahrzeuge (egal welchen Antriebs) machen keinen Sinn, Esel waren und sind die Helden des Transports. Der frühere Name der Insel war Ericusa, da an den Hängen die Erika häufiger vorkommt.

Zwei, drei Tage kann man auf den Wegen der Insel durchaus **wandern**, im südlichen Bereich gibt es mehrere Pfade durch die Macchia, immer mit Blick auf das Meer und einem ganz eigenen Reiz. Man kann wunderschöne Plätze entdecken und, ausgerüstet mit einem Picknick in der Tasche, Stunden an den Hängen mit ihrem Weitblick verbringen. Mögliche weitere Aktivitäten neben dem Wandern: keine!

Alicudi hat seine heutige Gestalt bei mehreren eruptiven Ereignissen angenommen. Erstmals brach der **Vulkan** vor 106.000 Jahren aus. Die Aktivität hielt mit unterbrechenden Ruhepausen bis vor 28.000 Jahren an und hat sich vornehmlich an einer eruptiven Zone ohne massiven Kollaps von Wandbereichen abgespielt, weshalb die Insel ihren kreisrunden Charakter erhalten konnte.

Auch der Gipfel **Montagnole** oder **Filo dell'Arpa** zeigt sich als richtiger, wenn auch verfüllter Vulkan. Sein Krater bildet eine weite Ebene, die einst landwirtschaftlich genutzt wurde und heute farnbestanden ist. Den Weg nach oben beschreibt Wanderung Nr. 3 (s. S. 110).

38 Alicudi Porto ★★ [I]

Ein kurze Häuserkette, ein Felstor, ein Hotel – wenn nicht die etwas dichtere Häusergruppe rund um den Fähranleger wäre, man könnte noch nicht einmal von einem Dorf sprechen.

Die einzige Straße – die Viale Regina Elena – ist 500 m lang und verläuft entlang des Meers (und direkt über den Helikopterlandeplatz, für den man anderweitig keinen Platz gefunden hat). Auch wenn am Hafen Reste einer bronzezeitlichen Siedlung gefunden wurden, diese hatte wohl keine Bedeutung. Die Handelswege verliefen woanders und nur einige

Die „Hauptstraße" auf Alicudi

053li-fk

054li-fk

Bauern konnten hier ihr Auskommen finden. Am westlichen Ende der Straße beginnt hinter dem Hotel und dem natürlichen Felsbogen ein **Strandabschnitt mit größeren Felsen,** auf denen man sich recht gut lagern kann.

Infos und Reisetipps

- Wegen der fehlenden Straßenbeleuchtung sollte man abends immer eine **Taschenlampe** dabei haben.
- **Siremar/Liberty Lines Alicudi** <258> Viale Regina Elena, Alicudi Porto, beim Fähranleger, Tel. 090 9148353
- **Gepäckaufbewahrung:** im Fährbüro für 3 €/Gepäckstück

Unterkünfte

- **Casa Mulino** €€ <259> Viale Regina Elena, Alicudi Porto, Tel. 090 9889681, www.alicudicasamulino.it, April–Okt. Zehn saubere und funktionell eingerichtete Zimmer und fünf Apartments mit Küche, direkt am Hafen.
- **Ericusa** €€€€ <260> Viale Regina Elena, Alicudi Porto, Tel. 090 9889902, www.alicudihotel.it, Juni–Sept. 21 Zimmer am Wasser mit Meerblick. Freundliche Anlage mit auch in der Hochsaison angenehmem Personal, Restaurant, nur Halbpension.
- **La Mimosa/Rosina Barbuto** €€ <261> Via Vallone, in 100 m Höhe, 20–30 Gehminuten, Tel. 090 9889937, ganzjährig. Sieben Zimmer mit Halbpensionsmöglichkeit (nach Voranmeldung, €€), einfache Einrichtung, sympathische Gastgeber.

Essen und Trinken

- **Golden Noir Café** €-€€ <262> Viale Regina Elena, Alicudi Porto, Tel. 3203560062, www.facebook.com/people/Golden-noir/100064008814780. Direkt am Fähranleger. Hypermoderne Restaurantbar mit Terrasse und Touristenmenü, *Piadine*, Pizza, Fisch- und Fleischgerichte, Süßigkeiten.
- **L'Airone** €€ <263> Viale Regina Elena, Alicudi Porto, Tel. 389 1131593, 8–23 Uhr. Café und Restaurant mit Fischküche und Terrasse am Lungomare und auf dem Dach, auch Rosticceria-Kleinigkeiten.

Einkaufen

- **Alimentari Baratta** <264> Via Pantalucci, oberhalb des Hafens. Lebensmittelgeschäft und Dinge des täglichen Bedarfs.

Auf Alicudi ist man unter sich

079li-fk

Baden

Wer im Sommer auf die Äolen kommt, will mit Sicherheit eines: Baden. Auch wenn die **Strände** mit feinem Sand an einer Hand abzuzählen sind: Das Wasser kann klarer und blauer nicht sein und von Felsen mit elegantem Kopfsprung ins Wasser zu gleiten, ist Sport der männlichen Jugend und große Bühne für die weibliche. Das Handtuch auf Felsplatten gelegt über Wackersteine zum kühlen Nass zu balancieren, mag nicht jedermanns Sache sein (**Badeschuhe** sind definitiv eine sehr willkommene Hilfe für die Wahrung der Würde), dafür ist es so sauber wie nirgends sonst und den ganzen Sommer liegt das **Tyrrhenische Meer** wie ein Spiegel unter dem Himmel.

Etwa **fünf Monate im Jahr ist Badezeit.** Ab Mitte Mai gehen bereits die Wagemutigeren ohne Probleme ins Wasser, im Juni folgt ihnen dann der Rest. Erst tief im Oktober, manchmal auch im November, endet die Schwimmsaison.

Mein Tipp

Wellness abseits vom Strand

Fünf Schwimmbäder auf einem Vulkankegel hoch über Lìpari-Stadt 15, Kneippanwendungen und Türkisches Bad. Für alle, die mal eine Abwechslung zum Strand brauchen.

› **Le Piscine di Eolo** <265> Via Contrada Capistello, Tel. 3477703461, www.lepiscinedieolo.it, Mitte Mai–Ende Okt. tgl. 9–18 Uhr

Wie überall an den Meeren sollten bestimmte **Verhaltensregeln** befolgt werden. Ablandige Winde verursachen einen Wassersog und können Schwimmer aufs Meer ziehen, ebenso wirken Winde direkt auf großflächige Spielgeräte wie Luftmatratzen oder Gummitiere und treiben sie von der Küste weg. Kinder sollten nie unbeaufsichtigt im Wasser sein.

Wie im gesamten Mittelmeer kommt es zeitweise auch in der Region Sizilien zu vermehrtem Aufkommen von **Quallen** – Medusen (meist sind es Feuerquallen, seltener Würfelquallen, die portugiesische Galeere ist um Sizilien äußerst selten). Gerät man mit deren Nesselzellen in Berührung, muss man das Wasser sofort verlassen. Die Nesselkapseln sind geplatzt und haben kleine Giftpfeile unter die Haut geschossen. Es geht nun darum, die Situation nicht zu verschlimmern. Man sollte die betroffene Stelle mit normaltemperiertem (nicht erhitztem) **Meerwasser abspülen**, um noch vorhandene Tentakel und Nesselzellen zu entfernen. Keinesfalls darf Süßwasser, Alkohol oder Essig verwendet werden, was intakte Zellen zur Entladung animieren würde (nur bei Würfelquallen kann – aber auch dies ist umstritten – Essig eine giftneutralisierende Wirkung haben). Auch Handberührungen können verbliebene Giftkapseln aufplatzen lassen (und Opfer und Helfer gleichermaßen schaden). Nächster Schritt ist das vorsichtige **Abschaben** verbliebener Tentakelarme am besten mit einem flachen Gegenstand (Kreditkarte, Kinderschaufel). Vereinzelt wird das Aufsprühen von Rasierschaum empfohlen, den

Vorseite: Manche Buchten erreicht man nur mit dem Boot

Der Strand von Malfa 33 auf Salina besteht aus Wackersteinen

056li-fk

man nach Trocknung abschabt. Im Nachgang können **Antihistaminika** (Soventol, Systral, Fenistil) verabreicht und kühlende Maßnahmen ergriffen werden (erst hier bringen Essig oder Alkohol Linderung). Mehrere Firmen bieten Sonnenschutzcremes mit angeblichem (wissenschaftlich hochumstrittenen) Quallenschutz. Bei Kleinkindern, großflächigeren Verbrennungen, entstehenden Herz-/Kreislaufproblemen oder Verbrennungen an prekären Stellen ist sofort ein Arzt aufzusuchen (s. S. 129).

FKK ist in Italien außerhalb gekennzeichneter Bereiche (die es auf den Liparen nicht gibt) **generell untersagt** und wird polizeilich verfolgt. Auch wenn aus Gründen der Gleichberechtigung in der gesamten EU das Oben-ohne-Baden jeder Frau gerichtlich durchgesetzt wurde, wird es an freien Stränden nicht gerne gesehen. Am Hotelpool mag es die eine oder andere Ausnahme geben. Ansonsten gilt: Wo kein Kläger, da kein Richter – ist man alleine kümmert es niemand, wird man erwischt, gibt es ein Problem.

Tauchen und Schnorcheln

Glasklares Wasser, Meerestemperaturen, die auch im Winter selten unter 15 °C absinken und eine Unterwassersicht bis 50 m sind ideale Voraussetzungen für Flaschentaucher und Schnorchler. Das Tauchen in archäologischen Zonen ist verboten, soweit man nicht mit Führern einer lizenzierten Tauchbasis unterwegs ist.

Praktisch jede der Inseln eignet sich zum **Schnorcheln.** Man sollte wegen des Bootsverkehrs auch ein Auge auf die Überwasserumgebung haben und Hafennähe meiden. Der Fischreichtum der Inseln ist immer noch so groß, dass kleine und große Tiere zu beobachten sind. Auch der Felsbewuchs mit Schwämmen, Seeigeln und Korallen kann sich sehen lassen.

Auf Vulcano kann man beim Diving Center Saracene Kurse für die verschiedenen **Tauchlizenzen** buchen, vom Open Water Diver über den Wracktaucher bis zum **Nitrox-Handling** für die tiefen Tauchgänge. Wer

057li-fk

noch höher hinaus will, lässt sich zum Open Water Instructor oder zum Dive Master ausbilden. Alle Kurse entsprechen den SSI-Vorschriften.

› **Diving Center Saracen** <266> Via Porto Ponente, Isola di Vulcano, Tel. 335 7826436, https://divingcentersaracen.it/

Auch wenn Filicudi mit seiner archäologischen Zone am Capo Graziano, Panarea mit den vorlagerten Felsen Basiluzzo, Lisca Bianca und Dattilo und die steilen Felsküstenabschnitte von Lìpari als *besonders* lohnenswert gelten – bis auf Alicudi besitzt jede Insel mindestens ein Tauchzentrum. Die **Dekompressionskammer („Camera Iperbarica") im Krankenhaus von Lìpari-Stadt** (s. S. 130) bietet Platz für fünf Personen und steht als Notfallambulanz durchgängig zur Verfügung.

Hotspots fürs Abtauchen sind auf **Lìpari** die Punta della Castagna im Nordosten mit drei interessanten Positionen und einer Tauchtiefe von 20 bis 45 m (herausfordernd), beim an der Westküste dem Monte Mazzacaruso vorgelagerten Felsen Pietra del Bagno (einfach bis schwer, 20–45 m) und an der Südwestspitze an der Punta del Perciato mit drei Positionen (leicht bis mittelschwer, 1–40 m). Im **Kanal** zwischen Lìpari und Vulcano kann man die Felsformationen erkunden (30–45 m, mittel bis schwer). An der Nordwestküste von **Vulcano** warten drei Positionen (einfach bis mittel, 20–45 m), einer mit einer Grotte, in der sich eine Madonna befindet (Scoglio del Quaglietto). An der Nordostküste sind bei Parete Sirenetta Schwefelfumarolen zu sehen, die die Unterwasserfelsen gelb und rot färben (20–40 m, schwierig).

Einer der herausforderndsten Tauchgänge findet 5 km nördlich des Capo Faro von **Salina** statt. Es geht auf bis zu 44 m Tiefe und auch nur, wenn das Wetter wirklich gut ist. Man schwimmt entlang eines 8 m unter dem Meeresspiegel beginnenden Felsens hinunter und erlebt den typischen Bewuchs mit Seeigeln, Manteltieren und Schwämmen, sieht Dorsche, Barsche, Aale und Muränen.

Absolutes Highlight ist ein Tauchgang zur archäologischen Zone vor **Filicudis Capo Graziano** 36. Hier sind vor Jahrtausenden Schiffe gesunken und ihre Überbleibsel wie Ankerreste und Amphoren verteilen sich auf dem Meeresgrund (mittelschwer, bis 42 m). Das einzige gut erhaltene Wrack, das auf Sporttauchgängen besucht werden kann, liegt bei der Felseninsel Lisca Bianca westlich von **Panarea.** Der englische 1000-Tonnen-Dampfer Llanishen sank 1885 und liegt auf etwa 30 m (schwierig). Seine 120 PS hatten ihn am 14. Mai um 22.30 Uhr mit waghalsigen 8 Knoten gegen Lisca Bianca getrieben. Der Kapitän

Hinunter zu Fischen, Wracks und Amphoren

wurde dafür vom Seegericht in London für sechs Monate suspendiert.

- **Amphibia Diving Center (Panarea)** <267> Via San Pietro, Isola di Panarea, Tel. 335 6138529, www.amphibia.it
- **Amphibia Diving Center (Salina)** <268> Santa Marina Salina, Isola di Salina, Tel. 3356138529, www.amphibia.it
- **I Delfini Diving Center** <269> Via Pecorini a Mare, Isola di Filicudi, Tel. 340 1484645, www.idelfinifilicudi.com
- **La Gorgonia Diving Center** <270> Salita San Giuseppe, Lìpari-Stadt, Isola di Lìpari, Tel. 090 9812616, 3355717567, www.lagorgoniadiving.it
- **Lìpari Diving Center** <271> Via Francesco Crispi, Lìpari-Stadt, Isola di Lìpari, Tel. 3382983595, 3281145046, www.liparidivingcenter.it

Windsurfen und Segeln

Die Äolen sind keine klassische Windsurfregion und so gibt es derzeit keine Möglichkeit, vor Ort sich ein Board zu leihen. Ebenso eignen sich die Inseln nicht fürs Kitesurfen (keine konstanten Windverhältnisse und langgezogene Küstenabschnitte). Wer sich mit dem eigenen Segelboot aufmacht, bedenke, dass nur Lìpari einen sturmsicheren **Jachthafen** besitzt.

- **Yacht Harbour Lìpari** <272> Via Franceso Crispi, Lìpari-Stadt, Isola di Lìpari, Tel. 0909813152, www.yachtharbourlipari.it

Segeltörns rund um die Äolen unternimmt im Sommerhalbjahr u.a. die Firma Vai Vela auf festen Routen, außerdem hat sie Segelkurse im Angebot. Der Grundkurs findet wie der Fortgeschrittenenkurs über vier Wochen und festlandbasiert statt. Bei beiden gibt es je neun Lehreinheiten und acht mehrstündige Ausfahrten. Sinnvoller sind die Kurse bei einem einwöchigen Segeltörn – anstrengend, aber es fühlt sich mehr wie Urlaub an.

- **Vai Vela,** Palermo, Tel. 3296910071, www.vaivela.it

Sonstiger Wassersport

Die Inselentdeckung per **Kajak** übernimmt der Canoa Kayak Club auf Vulcano (März bis Dez.). Im Angebot sind Halbtages- und Tagestouren für Anfänger, die nach Lìpari oder nach Salina führen. Auf den Mehrtagestouren (2, 4 oder 6 Tage) kommt man bis Stromboli, gezeltet wird an Stränden und tagsüber gibt es genug Zeit, dass man auch den Strand genießen kann. Der genaue Ablauf wird mit den Teilnehmern abgestimmt (Hotelübernachtungen sind möglich). Wer das Seekajaking richtig lernen will, bucht den zweitägigen Kurs.

- **Sicily in Kayak/Canoa Kayak Club** <273> Via Ville di Levante, Vulcanello, Isola di Vulcano, Tel. 3295381229, www.sicilyinkayak.com

Vorsicht! Frisch gestrichen!

081li-fk

080li-fk

Die Unterwasserjagd mit Tauchflaschen ist nicht erlaubt, Schnorchler dürfen harpunieren. Der Tauchplatz ist mit einer Boje zu sichern.

Ein Erlebnis besonderer Art ist die Teilnahme am **Pesca Turismo**. Das Boot startet um 18 Uhr an der Marina Corta auf Lìpari und nach einem Aperitif wird die Angel ausgeworfen und Tintenfisch gefangen, gekocht und verspeist. Rückkehr ist um 23.30 Uhr (auch Tagestouren mit Baden). Diese Exkursionen organisieren die Reisebüros mit ihren Kiosken rund um die Häfen oder:

› **Enzo Il Negro/Pesca Turismo,** Lìpari-Stadt, Tel. 090 9813163, www.enzoilnegro.com

Nach der Wanderung auf der Insel Panarea (s. S. 112) wartet ein erfrischendes Bad

Wandern

Der Kraterrand von Stromboli ist das begehrteste Ziel der Äolen, doch auch die anderen Inseln bieten gut unterhaltene Wanderwege. Immer wieder spucken die Tragflügelboote und die Fähren ganze Gruppen aus, die sich organisiert auf den Weg zu den höchsten Punkten machen – wobei nur bei **Erklimmung des Stromboli** 29 Gruppenzwang herrscht.

Die Ersteigung und Umrundung des Kraters von **Vulcano** 26 ist Standardprogramm auf der Insel. Lockerer Sand macht das Fortkommen manchem schwer. Kahl und wie eine Mondlandschaft ist die Insel rund um den Berg, schwarz der Boden, von der Sonne aufgeheizt. Hinzukommen heiße Schwefeldämpfe, die den Sand durchdringen und die Hitze verschärfen.

Obwohl **Lìpari** die größte Insel ist, weist sie nicht so viele reine Wanderwege auf, wie das nur wenig kleinere Salina. Teilweise liegt es an dem relativ dichten Wegenetz auf Lìpari und seiner „Urbanisierung". Wo man Häuser bauen konnte, hat man auch gebaut, und wo man mit dem Auto hinkommt, werden die wenigsten auf Schusters Rappen vertrauen. So fahren die Touristen auf Vespas und in Autos hoch zum Monte San Angelo, um die Aussicht zu bewundern.

Auf **Salina** führen außer von Pollara von allen Orten autofreie Wege und steile Pfade zum höchsten Berg des Archipels, dem Monte Fossa delle Felci, und fast alle verlaufen im Baumschatten – im Hochsommer ein unschätzbarer Vorteil. Startet man von Lena oder Valdichiesa, erspart man sich 250 m Anstieg und es verbleiben „nur noch" 700 Höhenmeter.

Die Wanderungen auf **Panarea** sind weitgehend schattenlos und verlaufen auf Naturpfaden. Die große Rundwanderung über den Gipfel wird am Ende mit einem erfrischenden Bad am schönsten Strand des Archipels belohnt.

Highlight auf **Filicudi** ist die Wanderung zur einzigen natürlichen Kaltquelle der Äolen, die auf schmalem, teilweise auf etwas ausgesetztem Pfad verläuft und an einem verlassenen Dorf vorbeiführt. Beginnt man sie unten im Hafen, muss man erst einmal nach oben laufen, dann geht es in etwa die Höhe haltend an der Bergflanke entlang durch die Macchia.

Auf **Alicudi** heißt es Treppen steigen – Stufe um Stufe, nicht enden wollend. Hoch oben ist der Krater eine dicht mit Farnen bewachsene Fläche, die vor langer Zeit landwirtschaftlich genutzt wurde. Hierher verirren sich nur wenige Wanderer. Tipp im September: die Brombeeren am Wegesrand.

MEIN TIPP

Wandern mit Nesos

Der rührige Verein **Nesos** (s. S. 48) sieht sich nicht nur als Wanderspezialist, der ganzjährig und regelmäßig geführte Exkursionen auf allen Inseln der Äolen anbietet, sondern will den Teilnehmern explizit die Natur und das Leben auf den Inseln näherbringen. So erfährt man nicht nur, welche Pflanzen hier wachsen und welche Tiere an den Vulkanhängen leben, sondern auch einiges zum Leben in früheren Zeiten, als noch Landwirtschaft betrieben wurde, die Männer abends aufs Meer hinausfuhren, um Fische zu fangen, oder in der Bimssteinindustrie tätig waren.

Wanderung 1: Auf den höchsten Berg der Äolen

Vom Hafen von **S. M. Salina** 31 geht man etwa 50 m auf der Via Italia nach Westen und biegt dann auf die Via Risorgimento rechts ein. An der Kirche und Souvenirläden vorbei gelangt man nach 150 m zur Gasse Via Roma, die man nach links und leicht bergauf nimmt. Nach 250 m ist die oberhalb des Orts verlaufende Umgehungsstraße erreicht, der man nach rechts gehend folgt. Nach 400 m (an einer leichten Rechtskurve) beginnt links eine Betonpiste, in die man einbiegt (GPS 38.564923 14.869536). Ein kleines Holzschild weist zum „M. Fossa“.

Die Betonstraße wandelt sich schnell zum breiten Erdweg, der als Hohlweg leicht bergan führt. Für 15 Min. geht es ereignisarm zwischen Bäumen und Büschen und auf Geröll weiter, bis links ein schmaler Pfad abzweigt. Teils von einem Holzgeländer begleitet und ab und an auf Stufen steigt man nun zügig im Wald auf dem Rücken des Serro Favarolo bergan.

Nach weiteren 30 Min. (ab Start 60 Min.) mit immer wieder schönem Ausblick gelangt man an eine Abzweigung. Nach rechts kann man zum Monte Rivi, dem Nebengipfel des Monte Fossa, aufsteigen. Auf diesem Weg kommen wir beim Abstieg herunter, er verläuft in einem Bogen nach Norden. Sich links haltend steigt man nun immer wieder recht steil, teils auf leicht rutschigem Untergrund, teils auf aus Rundhölzern gebauten Treppenstufen bergan, immer durch Wald und mit fast keinen Aussichtsmöglichkeiten.

Etwa 75 Min. (ab Start 135 Min.) dauert der Anstieg, schattig zwar, aber mit vom Meer aufsteigender

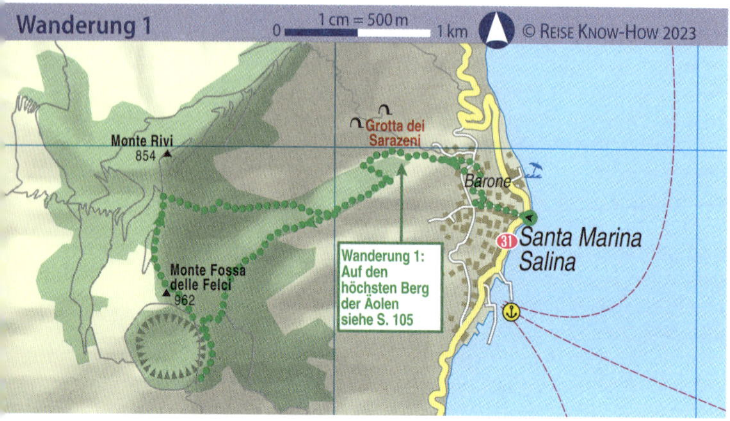

073li-fk

Die Wanderwege Salinas sind sehr gut ausgeschildert

hoher Luftfeuchtigkeit, die sich zwischen den Bäumen und Büschen hält und einen zum Schwitzen bringt. In steilen und engen Serpentinen und in langen, geraden, nicht minder steilen Abschnitten gewinnt man schnell Höhe. Schließlich stößt man auf eine Kreuzung: Links geht es hinunter nach Lìngua, rechts zur Schutzhütte Rifugio Monte Rivi und geradeaus weiter zum Monte Fossa. 15 weitere Min. sind es nun noch hoch zur Schutzhütte **Rifugio Monte Fossa** (ab Start 2½ Std.).

Hier ist die Situation etwas unübersichtlich und der Pfad hoch zum Gipfel immer mal wieder überwachsen. Er ist auf dem breiten Kraterrundweg in etwa 10 Min. – entgegen dem Uhrzeigersinn gehend – erreicht. Eine Steinpyramide markiert den Gipfel, Bänke und Tisch laden zur Rast. Vom **Monte Fossa** hat man freie Sicht nach Westen, wo sich Filicudi und Alicudi aus dem Meeresdunst erheben. Will man Richtung Süden schauen, muss man sich am Rifugio auf überwachsenem Pfad südlich halten, über einen kleinen Felsenturm klettern und kommt auf eine baumlose Fläche mit

herrlichem Blick auf Lìpari und Vulcano – ein idealer Picknickplatz. Für die 2 km lange Umrundung des dicht bewaldeten Kraters (550 m Durchmesser) benötigt man ca. ½ Std.

Vom Rifugio nimmt man dann den breiten Waldweg Richtung Monte Rivi und folgt nicht dem Kraterrundweg, sondern hält sich zweimal rechts und biegt nach 10 Min. in einer nach links führenden Spitzkehre in einen rechts abzweigenden, schmalen Pfad ab, der bergab führt. Nach 5 Min. stößt man auf eine Sternkreuzung, ignoriert die Schilder und hält sich geradeaus weiter bergab auf dem schmalen, von Farnen überwucherten Pfad. Nach nochmals 5 Min. gelangt man an eine weitere Kreuzung, 50 m sind es von ihr zum (verschlossenen) Rifugio Monte Rivi (ab Beginn des Rückwegs 20 Min.).

Ginge man hier in der Waldschneise bergan (50 Höhenmeter) stünde man auf dem Monte Rivi (sähe aber wegen der Bäume nichts). An der Kreuzung folgt man dem Schild nach S. M. Salina und nach 5 Min. dem nach rechts abzweigenden Treppenweg (geradeaus ginge es zum Rifugio Serra Capo). In engen Serpentinen und über zahlreiche Treppen baut man nun schnell Höhe ab. 30 Min. ist man bergab unterwegs, dann geht es noch einmal ein kurzes Stück auf Stufen bergauf und schließlich schräg rüber und fast die Höhe haltend zur Einmündung in den Aufstiegsweg. Nach weiteren 40 Min. ist man wieder am Hafen angekommen.

Panoramablick vom höchsten Punkt der Inseln auf Salina

- **Strecke:** S. M. Salina – Monte Fossa delle Felci – S. M. Salina
- **Charakter:** anstrengende, lange Wanderung, teils steil auf gut unterhaltenen, mit Holzgeländer ausgestatteten Wegen mit Treppenabschnitten, durchwegs schattig, gut ausgeschildert
- **Länge:** 9 km
- **Wegezeit:** Aufstieg 2½–3½ Std., Abstieg 1½–2½ Std.
- **Höhenunterschied:** 962 m Auf-/Abstieg

Wanderung 2: Die zwei schönsten Plätze Alicudis

Vom „Hauptplatz" an der Hafenmole von **Alicudi Porto** (38) geht man auf den Stufen hoch und folgt nach 10 Min. dem Schild „Chiesa". Man passiert nach weiteren 10 Min. das B&B Mimosa und hat nun schon eine Vorstellung, was einen erwartet. Bis hier sind es ca. 200 Stufen, etwa 1400 liegen noch vor uns. Nach weiteren 25 Min. Treppensteigen kommt man zur **Chiesa San Bartolo** (ab Start 45 Min.), der Weg führt noch vor ihr bergan. 10 Min. später wird er flacher, aber gleich gibt es wieder Stufen und so ist es auch im Folgenden – unbarmherzige kurze Abschnitte wechseln mit endlos langen Stufenfolgen. Bei Verschnaufpausen kann man einen Blick über die Schulter werfen und die schöne Szenerie aufsaugen. 35 Min. hinter der Kirche ist man im Weiler **Montagna** angekommen.

Noch vor dem ersten Haus nimmt man beim Schild „Riserva Naturale Orientata" den schmalen, unbefestigten Pfad nach links hinunter in eine flache Senke. Nach 10 Min. fast auf gleicher Höhe bleibend kommt man an eine Gabelung und hält sich links

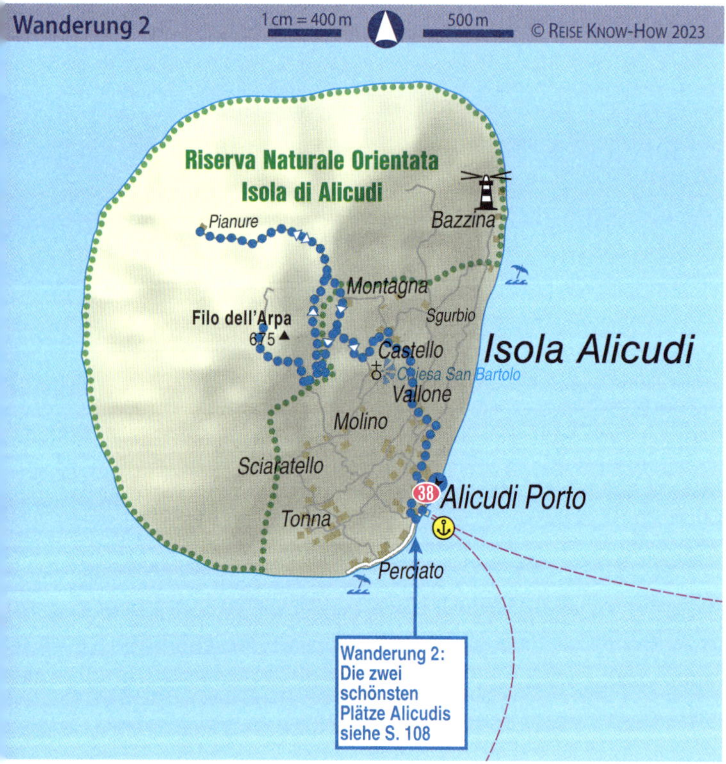

(auf dem Rückweg nimmt man hier den rechten Weg auf). Nach knappen 5 Min. biegt man auf einen unscheinbaren Felspfad ab, der rechts nach oben führt. Über angedeutete Treppenstufen geht es nun wieder steil nach oben – wer mitzählen will, es sollen bis zum Ziel nur noch 349 Stufen sein.

Dieser letzte Abschnitt ist recht rustikal, die einst perfekten Stufen, auf denen die Bauern hochstiegen, um ihre Felder zu bestellen, sind von der Zeit gezeichnet. Nach 15 Min. ist es geschafft, der Weg wird flacher und führt an kleinen Kuppen vorbei in den Krater, eine 500 m weite Ebene, von Farnen bestanden und ein Platz so weit weg von allem, was stören könnte, dass man fast weinen möchte. Eine Steinpyramide markiert die höchste Stelle: **Montagnole** bzw. Filo dell'Arpa.

Man kehrt nun zur Kreuzung zurück (15 Min.), steigt nicht ab, sondern hält sich geradeaus (und links). Oberhalb des Weilers Montagna wandert man unangestrengt und flach an der Flanke des Vulkankegels nach Norden. Im Sommer wachsen am Pfad Brombeeren, eine willkommene Wegzehrung. Nach 15 Min. stößt man auf den Weg, der nach rechts zum Dorf hinunterführt (er wird beim Rückweg genommen), wir gehen ihn nach links. Er führt leicht bergab über die ehemaligen Felder, die heute farnüberwuchert sind. Früher haben die Inselbewohner hier ihr Getreide angebaut und die Tiere grasen lassen.

Nach weiteren 15 Min. ist der Aussichtspunkt **Pianure** erreicht – hoch über dem Meer und mit einer Sicht auf Horizont und Himmel, wie man es nur selten erlebt. Wer hier nicht glücklich ist ... Irgendwann muss man ja aber doch wieder zurück. An der letzten Kreuzung geht es links zum Dorf hinunter und hinter ihm trifft man auf den Aufstiegsweg. Nach 65 Min. (von Pianure) steht man wieder am Hafen.

› **Strecke:** Alicudi Porto – Montagnole – Pianure – Alicudi Porto
› **Charakter:** bis auf den letzten Anstieg zum Krater einfache bis mittelschwere Wanderung vornehmlich über steinerne Treppen, die besonders im unteren Bereich noch gut erhalten sind. In Gänze schattenlos, einfache Orientierung.
› **Länge:** 7 km
› **Wegezeit:** Aufstieg 2–3 Std., Abstieg 2–3 Std. (mit Abstecher)
› **Höhenunterschied:** 750 m Auf-/Abstieg

059li-fk

Wer Treppen mag, wird Alicudi lieben

Wanderung 3: Die einzige natürliche Kaltquelle der Äolen

Von der Hafenmole von **Filicudi** (s. S. 92) geht es etwa 50 m nach links und Süden. Vor dem Restaurant Da Nino (s. S. 96, mit Terrasse über dem Wasser) macht man eine 180°-Wendung und nimmt die Steintreppe nach oben. Der Weg führt erst die Flanke entlang und dann in zwei Serpentinenbögen und schließlich ein paar Stufen hoch zum Hotel La Canna (s. S. 95). An diesem links vorbei und sich westlich haltend, passiert man unmittelbar das sich links befindende Hotel Villa La Rosa (s. S. 96) und kommt an die Autostraße, die vom Hafen hochführt. Dieser folgt man für 500 m bergan bis zu einem Parkplatz an einer nach links orientierten Haarnadelkurve.

Hier verlässt man die Straße nach rechts, nimmt den Pfad **Sentiero Brigantini** in nördlicher Richtung, geht geradeaus an einigen Häusern vorbei, wandert an der Macchia entlang und kreuzt nach knapp 500 m den Weg, auf dem man von Zucca Gran-

060li-fk

de zurückkehren wird. Auf ihm geht man 150 m nach links, an der Autostraße nimmt man für 100 m den Feldweg rechts hoch und biegt (ab Start 35 Min.) nach rechts in den **Sentiero Sciarato** ab (GPS 38.570294 14.571943).

Nun lässt man den Autoverkehr hinter sich und wandert an der Flanke des Vulkans in etwa die Höhe haltend auf schmalem Saumpfad und felsigem, teils erdigem Untergrund nach Norden. Nach etwa 20 Min. geht es ein kurzes Stück etwas steiler bergan, danach verläuft der Pfad mehr oder weniger wieder eben. Nach 5 Min. blickt man hinter einer Linkskurve auf die Häuser der größtenteils verlassenen Siedlung **Zucca Grande**, die sich unterhalb über den Hang verteilen. Nach weiteren 10 Min. trifft man auf den Verbindungspfad von Zucca Grande nach Ficarrisi.

Wir halten uns rechts und steigen Richtung Zucca Grande ab. Man lässt ein erstes (hübsch hergerichtetes) Haus rechts liegen und achte nun auf einen nach links abzweigenden Pfad (ab Start 80 Min.) unmittelbar vor dem nächsten Gebäude, der einen Richtung Quelle bringt. Meist ist dieser Pfad in Abschnitten überwuchert und man sollte unbedingt auf Trittsicherheit bedacht sein. Er ist teilweise sehr ausgesetzt, was man wegen der Pflanzen nicht unbedingt wahrnimmt, teils abgebrochen und schmal. Nach weiteren 10 Min. (500 m) ist die kleine, mit dichtem Grün überwachsene Höhlung erreicht, in der die Wassertropfen sacht und stetig in das kleine natürliche Felsbecken perlen.

074li-fk

- **Strecke:** Filicudi Porto – Zucca G.–Fontanelle – Filicudi Porto
- **Charakter:** Einfache, im letzten Abschnitt schwierigere, weil ausgesetzte Wanderung, meist schattenlos, mittelschwere Orientierung
- **Länge:** 6 km
- **Wegezeit:** Aufstieg 1,5–2,5 Std., Abstieg 1–1,5 Std.
- **Höhenunterschied:** 300 m Auf-/Abstieg

In 10 Min. nach Zucca Grande zurückgegangen, hält man sich links, durchquert den verfallenden Weiler und wandert auf dem unteren **Sentiero Zucca Grande** nach Süden. Auf dem guten, teilweise grob gepflasterten Weg hält man die Höhe. Nach 40 Min. ab der Quelle hat man den **Sentiero Brigantini** erreicht und kehrt über ihn in 20 Min. zum Hafen zurück.

Schönste Wanderzeit: der frühe Morgen

Zucca Grande ist ein verlassenes Dorf

Wanderung 4: Über den Berg zum schönsten Strand

Gegenüber der Anlegestelle von Panarea (s. S. 68) nimmt man beim Schild „Iditella 20 Min." die Treppe nach oben und biegt nach rechts in den Hauptweg ab. Es geht vorbei an den weiß gekalkten Häusern und an der Trattoria Paoloni (10 Min.). 5 Min. hinter dem Lokal lässt man das Dorf hinter sich und gelangt nach weiteren 5 Min. an den Abzweig hinunter zum Steinstrand **Spiaggia Fumarole** (15-minütiger Serpentinenweg). Wir bleiben auf dem breiten, betonierten Fußweg und passieren nach nochmal

- **Strecke:** Panarea, Stadtteil San Pietro – Punta del Corvo – Spiaggia Cala degli Zimmari – Panarea, San Pietro
- **Charakter:** Aussichtsreiche, einfache bis mittelschwere Wanderung auf anfangs guten Wegen, dann auf felsigen, teils ausgesetzten Pfaden, schattenlos, einfache Orientierung
- **Länge:** 7,5 km
- **Wegezeit:** Aufstieg 1,25–2 Std., Abstieg 1,5–2 Std.
- **Höhenunterschied:** 450 m Auf-/Abstieg

5 Min. die fast adrette Mülldeponie Panareas und einen der beiden **Hubschrauberlandeplätze** der Insel.

5 Min. hinter der Landefläche gelangt man an ein Schild des **Riserva Naturale Orientata** (ab Start 30 Min.). Hier verlässt man den Weg und nimmt den schmalen Pfad, der steil und auf felsigem Untergrund nach oben führt. Nach ungefähr 20 Min. wird der Pfad etwas flacher und gerölliger und später fast sandig. Oberhalb einer beeindruckenden Klippenkulisse wandert man nun durch Gras und an Büschen vorbei und genießt den Blick auf die Insel Stromboli. Nach etwa 15 Min. geraten auch noch Salina und Filicudi ins Blickfeld. 5 Min. sind es nun hoch zum „Gipfel" **Punta del Corvo** auf 421 m über dem Meer (ab Start 70 Min.).

Man folgt dem Pfad weiter nach Süden und gelangt nach 5 Min. an einen Abzweig, der links direkt nach Panarea hinunterführt. Wie halten uns rechts, wandern durch die Macchia und nach weiteren 5 Min. geht es mit Blick auf die Südseite der Insel zügig und steil auf felsigem Untergrund bergab. Nach weiteren 5 Min. ignoriert man nochmals einen Abzweig nach links und folgt dem felsigen

Wandergruppe beim Abstieg von Panareas Vulkan

0611i-fk

und steilen Pfad weiter bergab. Nach gut 20 Min. ist an einem mit Holzgeländer gesichertem Aussichtspunkt das **Plateau Piano Milazzese** erreicht und der Weg wendet sich nach Westen. Der Untergrund ist nun wieder sandig, die Ebene senkt sich in mehreren terrassierten Stufen dem Meer zu. Hier wurde einst Landwirtschaft betrieben – mit viel Aufwand, wie die noch erhaltenen Trockenmauern belegen. Heute wachsen hier mannshohe Büsche und Kakteen. Nach 5 Min. halten wie uns an einer Gabelung geradeaus und gehen oberhalb einer Stützmauer. Mehrere Abzweige führen nach rechts über die Felder oder nach links Richtung „Castello“, bis man schließlich (ab Gipfel 55 Min.) an ein eher symbolisches Gatter gelangt, eine Stange, die die Esel auf der Ebene halten soll (und die man nach Passieren auch wieder an ihren Platz rücken sollte).

Kurz dahinter kommt man auf den guten gepflasterten Weg, der von San Pietro am Strand **Spiaggia Cala degli Zimmari** vorbei zur **Grabungsstätte** eines prähistorischen Dorfs am Capo Milazzese führt. Drei Minuten sind es auf dem Weg und über eine schmale Landbrücke hinaus aufs Kap mit den Fundamenten des Villaggio. Nun hat man sich ein Bad am **schönsten Strand des Archipels** redlich verdient. Von der bronzezeitlichen Siedlung sind es nur 5 Min. hinunter zur feinsandigen Bucht mit Liegestuhl- und Schirmverleih, mit Kiosk und sanft ins Meer absinkendem Ufer. 20 Min. dauert der Fußmarsch vom Strand zum Hafen. Mit den Golfcar-Taxis, die auf der schmalen Straße entlangflitzen und – besonders morgens und abends Strandbesucher hin- und herkutschierend – die Fußgänger bedrängen, gehts schneller.

Wanderung 5: Vorbei an Villen und mit Ausblick auf Vulcano

Die Wanderung beginnt in Lìpari-Stadt ⑮ an der **Marina Corta**, dem Hafen für die Ausflugsschiffe. An ihrem südlichen Ende, direkt vor der Kirche San Giuseppe, geht man rechts in die Gasse und gleich wieder links zur Piazza San Bartolomeo und über sie hinüber in die Via Maddalena, bis man nach gut 5 Min. das Hotel Rocce Azzurre (s. S. 49) mit seinem winzigen, meist von Einheimischen bevölkerten Kieselstrand passiert. Hier muss man gezwungenermaßen rechts gehen, biegt aber nach 2 Min. gleich wieder links in die Via Sant'Anna ab, der man nun bergan folgt. An Neubauten vorbei geht es in 5 Min. zu einer kurzen Unterführung, hinter der die Straße von Lagerhallen und Werftgebäuden flankiert wird. Dieser Wegabschnitt zwischen Beton- und Natursteinmauern gehört nicht zu den attraktivsten. Es geht nun stetig bergan, bis man auf die Fahrstraße Via San Salvatore trifft (GPS 38.450152 14.955722), die Lìpari-Stadt mit dem Observatorium verbindet (ab Start 35 Min.).

Man überquert die Straße und nimmt gegenüber den abwärts führenden, für den Verkehr gesperrten Weg (Schild „Spiaggia Secca, Cappero, Osservatorio“). Es geht kurz leicht abwärts, dann zweigt der Weg zur Spiaggia Secca links ab (man ignoriert ihn). Nach 300 m – an einer Kapelle vorbei – wandert man leicht aufwärts bzw. die Höhe haltend am Hang entlang durch Macchia und an Brom-

⊡ Blick von Lìpari auf die Nachbarinsel Vulcano

075li-fk

Wanderung 5
0
1 cm = 500 m
1 km
© Reise Know-How 2023
Mauro
Santa Margherita
Porto turistico
Piano della Marina
Marina Lunga
Anlegestelle Fähre/Aliscafi
Annunziata-Raviola
Pianoconte
Pulera
Piano
Lipari-Stadt
15
Archäolog. Museum
17
Diana
Burgberg
16
Castello
Duomo
18
Quattrocchi
Carrubbo
195
23
Belvedere
San Bartolo di Monte
Monte-gallina
Lìpari
Monte Giardina
280
Punta di Ponente
Pontinente (Porto delle Genti)
Spiaggia Valle Muria
S. Nicola
Monte Guardia
309
Punta di Levante
Punta di Capistello
Punta di Jacopo
Punta San Giuseppe
Capistello
Punta di Costa
San Salvatore
Wanderung 5: Vorbei an Villen und mit Ausblick auf Vulcano siehe S. 114
Obser-vatorium
Punta del Perciato
Capparo
Sponda di Vinci
Pietralunga
Pietra Menalda
Punta della Crapazza

- **Strecke:** Lìpari-Stadt – Capparo – Osservatorio – Monte Guardia – Lìpari-Stadt
- **Charakter:** Aussichtsreiche, einfache bis mittelschwere Wanderung teils auf Asphalt, teils auf schmalen Pfaden, einige relativ steile Anstiege, Südhänge schattenlos, mittelschwere Orientierung
- **Länge:** 9,5 km
- **Wegezeit:** 3,5–5 Std.
- **Höhenunterschied:** 400 m Auf-/Abstieg

beer- und Kapernbüschen vorbei, zwischen denen sich exklusive Villen hinter hohen Mauern verstecken. Mit deren Besitzern teilt der Wanderer nun den herrlichen Ausblick auf Vulcano. Nach 20 Min. endet der Weg und man ist am **Aussichtspunkt** (GPS 38.440985 14.954258) und dem südlichsten Punkt der Wanderung über der sehr schönen **Spiaggia di Vinci** angekommen (zu der kein Weg führt, manche Einheimische klettern einfach hinunter). Nun beginnt auf dem schmalen, steinigen Pfad ein kurzer, steiler und schweißtreibender Aufstieg (15 Min.), bis der Weg wieder auf eine Straße stößt, auf der wir nach links einer Pinienallee folgend einen Olivenhain umrunden. Nach gut 5 Min. macht der Weg vor einem Gebäude einen Linksknick. Nach weiteren 5 Min. ist wieder die Fahrstraße Via San Salvatore erreicht.

Nach links sind es 300 m bis zum **Observatorium** (ab Start 95 Min.), von dem aus noch einmal der Blick in den großen Krater von Vulcano gelingt. Nach rechts gegangen, nimmt man nach 2 Min. bei der Gabelung den linken Weg geradeaus und kommt nach 400 m an das Straßenende vor einer Schlucht. Dort nimmt man den nach rechts führenden Pfad auf, geht erst an Feldern entlang und schließlich den Hang querend durch die Macchia, wobei man erst in etwa die Höhe hält und der Weg dann leicht ansteigt. 3 Min. nach einer S-Kurve und 30 Min. nach dem Observatorium zeigt ein Steinhaufen den Abzweig hoch zum **Monte Guardia** an (GPS 38.453126 14.942577). 150 Höhenmeter sind es. Für Auf- und Abstieg zum und vom Gipfel auf 369 m mit tollem Rundumblick (GPS 38.455721 14.945595) sollte man ohne Verweildauer 45 Min. rechnen. Wieder auf dem Hauptweg umkreist man in etwa die Höhe haltend den Monte Guardia und stößt an seiner Nordflanke nach guten 10 Min. auf das schmale Betonsträßlein Via San Bartolo al Monte (GPS 38,457803 14,944805), dem man nach links und Norden folgt. Das Kirchlein ist nach weiteren 10 Min. erreicht.

Ihm gegenüber (Hinweisschild „Lìpari“) geht es nun auf dem betonierten Fußweg 150 m gerade bergab und dann auf 500 m in Serpentinen und über Stufen hinunter zur Via Torrente Ponte, in die man nach rechts einbiegt und ihr nach Osten bis zur Via Giuseppe Franza folgt. Dort wieder rechts gehend erreicht man knappe 20 Min. hinter der Kirche San Bartolo die Piazza San Bartolomeo und 2 Min. später die Marina Corta, unseren Ausgangspunkt.

063li-fk

Feste und Folklore

Religiöse Feste

- **Prozessionen zu Ehren des heiligen Bartolomeo** am 24. August (dem Namenstag des Heiligen), am 13. Februar, am 5. März und 16. November in Lìpari-Stadt
- **Bootsprozession zu Ehren der Madonna** am ersten So im Juni bei Gelso/Vulcano
- **Wallfahrt Madonna del Terzito** nach Valdichiesa/Salina am 23. Juni
- **Nachtprozession zur Chiesa Vecchia** bei Quattropani auf Lìpari am 7./8. Sept.
- An **Ostern** finden mehr oder weniger auf allen Inseln Prozessionen statt.

Weltliche Feste

- **Tavuliata** ist ein Volksfest am 1. Mai in Leni, das auf eine Armenspeisung zurückgeht.
- **Estate Eoliana** („Äolischer Sommer") ist eine Abfolge von Theater und Konzerten auf dem Burgberg von Lìpari-Stadt.
- **Festa del Cappero in Fiore:** Zur Kapernblüte wird am ersten Sonntag im Juni in Pollara/Salina gekocht, musiziert und ... Malvasia getrunken.
- **Un Mare di Cinema:** einwöchiges Filmfest Ende Juli (und an einigen Tagen im August) in Lìpari-Stadt
- **Mariä Himmelfahrt** („Ferragosto") am 15. August ist in ganz Italien auch der höchste weltliche Feiertag. Er wird mit riesigen Feuerwerken begangen und markiert gleichzeitig das Ende der Sommerferien.
- Beim **Festa del Fuoco** auf Stromboli in der ersten Septemberhälfte (wegen erhöhter vulkanischer Aktivität derzeit ausgesetzt) installieren Künstler so einiges mit und rund ums Feuer (Infos: www.facebook.com/FestaDelFuocoDiStromboli).

☒ *Vorseite: Der Stadtstrand von Rinella* ㉟

Feiertage

- 1. Januar: **Neujahr** („Capodanno")
- 6. Januar: **Heilige Drei Könige** („Epifania")
- **Ostermontag**
- 25. April: **Befreiungstag** („La Liberazione")
- 1. Mai: **Tag der Arbeit** („Festa del Lavoro")
- 2. Juni: **Tag der Republik** („Festa della Repubblica")
- 15. August: **Mariä Himmelfahrt** („Ferragosto")
- 1. November: **Allerheiligen** („Ognissanti")
- 8. Dezember: **Mariä Empfängnis** („Festa dell'Immacolata")
- 25. Dezember: **Weihnachten** („Natale")
- 26. Dezember: **Tag des heiligen Stefano**

Kulinarische Entdeckungen

Das typischste Gewürz der Inseln ist die **Kaper**, die in mühevoller Handarbeit gepflückt und in Salz eingelegt wird. Sie findet ihren Weg in zahlreiche Pastagerichte. Eine weitere Ingredienz sind die **Pomodorini a pennula**, kleine ovale **Tomaten**, die (im Sommer geerntet) für den Winter in dicken Trauben zum Trocknen aufgehängt werden. Ihnen sagt man einen ganz besonders süßen Geschmack nach, der nur entstehen kann, wenn sie während des Wachsens die salzige, feuchte Luft der Inseln „streichelt".

Fisch bestimmt ansonsten natürlich den Speiseplan. Der **Vorspeisenteller** (Antipasto) mit eingelegtem

Meeresgetier – am besten leicht angewärmt, um die Aromen herauszukitzeln – schmeckt köstlich. Wen roher Fisch nicht abschreckt, der könnte auch mit einem Carpaccio vom Schwertfisch glücklich werden. Alternative ist natürlich auch eine **Caponata**, die leicht mit Essig angesäuerte, vegane Köstlichkeit aus Auberginen, Tomaten, Zwiebeln, weiteren Gemüsesorten (wie Sellerie oder Fenchel), Kapern, Oliven, Knoblauch und reichlich Öl.

Nach der Vorspeise kommt das **Primo**, das Nudelgericht, vielleicht als „Pasta con le Sarde" mit Sardinen und wildem Fenchel. Eine besondere Spezialität ist die „Pasta nera", die schwarzen Nudeln, deren Geschmack und Farbe von der Tinte der Kalamari stammt.

Für das **Secondo**, das Hauptgericht, könnte man sich für Rouladen vom Schwertfisch entscheiden. Auch Thunfisch steht fast immer auf der Karte. Krabben (Scampi, Gamberi, Gamberoni) sind nicht unbedingt immer frisch, sondern gelangen des Öfteren auch aus der Kühlung auf den Tisch (nachfragen!).

Im heißen Sommer schmeckt zum Essen ein kühler und trockener **Malvasia** von den Inseln. Wer einen Roten bevorzugt, fährt mit einem Nero d'Avola aus Sizilien nicht schlecht. Man sollte auch nach offenem Wein (Vino della casa) fragen, der nie von luxuriöser Qualität, immer aber gut trinkbar ist.

Nachspeisen gibt es reichlich – Sizilien ist so nah: Kuchen, Torten, **Granité** (zerstoßenes Eis mit Fruchtgeschmack), Halbgefrorenes und die Cantuccini, kleine Mandelteilchen, betonhart und zahnzerstörend, die in **Malvasia delle Lìpari passito** – den süßen Malvasia – getaucht, butterweich auf der Zunge zergehen. Und wer dann zum Abschluss nochmal Alkohol benötigt, ordert den Zitronenlikör **Limoncello** oder einen **Grappa** zum Espresso.

Auf fast jeder Insel gibt es neben den klassischen **Esslokalen** wie **Ristoranti, Trattorie** und **Pizzerie** auch **Rosticcerie**, die italienischen Schnell-

⌃ *Kapern und Tomaten – selbst geerntet und eingelegt schmecken sie am besten*

imbisse. Neben Pizza vom Blech zum Mitnehmen kann man dort u. a. **Arancini** (frittierte Reisbälle mit Fleisch-, Käse- oder Gemüsefüllung) und **Focacce** (herzhaft und unterschiedlich gewürzte Hefeteigfladen) kaufen und aus der Hand essen.

Frühstück wie die Mitteleuropäer kennen Süditaliener nicht. Nur die größeren Hotels bieten auch Wurst, Schinken, Eier und Käse an, ansonsten gibt es zum Kaffee nur Hörnchen, Butter, Marmelade und vielleicht Obst und einen Joghurt. Im Sommer wird **mittags** nicht groß gegessen: Man ist am Strand, hat ein Picknick dabei oder verzehrt in einer Bar ein belegtes Brötchen, einen Snack oder einen Salat.

Abends geht man dann groß aus. Vor 19 Uhr macht kein Lokal auf, manche sogar erst um 20 Uhr und viele Gäste kommen gar erst ab 21 Uhr zum Abendessen. Speiselokale verlangen von jedem Gast eine **Gedeckgebühr.** Es ist auf der Rechnung als „**Coperto**" ausgewiesen und kann zwischen 1 und 5 € betragen. Dafür kann man dann so viel Brot essen, wie man lustig ist, und auch die **Grissini**, die verpackten knusprigen Gebäckstangen, sind im Preis enthalten. Meist ist das **Bedienungsgeld** in den Preisen auf der Menükarte enthalten, wenn nicht, muss auf der Karte darauf hingewiesen sein. Abschließend gibt man je nach Zufriedenheit und Rechnungsbetrag 5 bis 10 % **Trinkgeld**, das man bei Verlassen des Lokals auf dem Tisch liegen lässt.

Shopping

Die Einkaufsmöglichkeiten für **Souvenirs** sind auf den Liparen recht beschränkt. Neben Keramik (die von Sizilien auf die Inseln kommt) gibt es **Schmuck aus Obsidian** und als Hygieneartikel **Bimsstein.** Hübsch und gelungen sind die Kopien der **Theatermasken** des Archäologischen Museums 17 mit schauerlichen, lustigen und traurigen Gesichtszügen. Wichtigste Mitbringsel – aber Souvenirs von beschränkter Lebensdauer – sind **Kapern** und **Malvasia.** Kapern gibt in allen erdenklichen Qualitäten (und Größen). Sie sind zur Konservierung eigentlich immer in Salz eingelegt, nur äußerst selten wird Essig dafür verwendet (was nicht typisch ist). Bevor sie ins Essen kommen, muss man sie wässern.

065li-fk

Bon aufbewahren!

Kunden sind unter Strafandrohung verpflichtet, bei Einkäufen den **Kassenzettel aufzubewahren,** damit bei Kontrollen die **Guardia di Finanza** die Ehrlichkeit der Händler überprüfen kann (gilt auch bei Restaurant- oder Barbesuchen).

Die Läden auf den Liparen sind wohlgefüllt

0990li-fk

Von den Anfängen bis zur Gegenwart

7000 Jahre sind die ersten Siedlungsspuren auf den Inseln alt. Obsidian hat die Menschen angelockt und schon zu jener Zeit entstand wohl ein lukrativer Handel. Über die Jahrtausende blühten die Gemeinwesen, aber immer wieder kam es auch zu Angriffen und zur Auslöschung. Im Lauf ihrer Geschichte waren die Inseln Spielball und nicht Akteur – sie waren zu klein, zu unbedeutend.

7.–5. Jt. v. Chr. (Neolithikum): Die Liparischen Inseln sind besiedelt. Obsidian wird verarbeitet und gehandelt, Keramik hergestellt.

4. Jt. v. Chr.: Der Burgberg auf Lipari und das Capo Graziano werden aus Verteidigungsgründen erstmals Siedlungsplätze.

3. Jt. v. Chr.: Der Obsidianhandel erlebt seine Blüte.

Ende 3. Jt. v. Chr.: Die Steinzeit mündet in die Bronzezeit, Obsidian wird als Werkzeug zunehmend nutzlos.

2. Jt. v. Chr.: Neue Siedler wandern vom Peloponnes ein – die Äolier.

1430 v. Chr.: Die Äolier verschwinden aus unbekannten Ursachen, die Milazzese-Kultur entsteht, hat allerdings nur 160 Jahre Bestand.

1270 v. Chr.: Die Milazzese-Kultur verschwindet gewaltsam, neue Siedler, Ausonier, wandern vom Festland ein.

Um 900 v. Chr.: Die Ausonier-Siedlungen werden zerstört, ihre Bewohner verlassen die Inseln.

Um 600 v. Chr.: Griechen kommen auf die Inseln. Bis auf die üblichen Händel der frühen Antike bleibt es ruhig.

251 v. Chr.: Nach der Niederlage Karthagos (an dessen Seite die Inseln kämpfen) werden die Äolen römisch.

Auch auf den Äolen gibt es Zeugen der römischen Vergangenheit

264: Die Gebeine des hl. Bartolomeo, so die Legende, werden in einem Bleisarg an Land gespült.

4. Jh. Lìpari erhält einen Bischof.

5./6. Jh.: Nach dem Zusammenbruch des Römischen Reichs marodieren Vandalen und Goten durch das Mittelmeer.

838: Nach der Eroberung Siziliens überfallen die Sarazenen auch die Lìparen und zwingen die Bevölkerung in die Sklaverei.

11. Jh.: Die christliche Rückeroberung Siziliens durch die Normannen führt zum Klosterbau auf dem Burgberg Lìparis (dessen Kreuzgang noch erhalten ist).

12.–18. Jh.: Als Herrscher kommen in den folgenden Jahrhunderten die Anjou und die Spanier an die Macht. Die Inseln gehören einmal zum Königreich Sizilien, dann wieder zum Königreich Neapel, schließlich zum 1816 gegründeten Königreich beider Sizilien (Sizilien/Neapel).

1544: Der osmanische Pirat Khayr al-Dīn Barbarossa überfällt Lìpari, zerstört es und verschleppt die Bevölkerung. Karl V. (Kaiser des Hl. Römischen Reiches) lässt die Inseln neu besiedeln und verfügt den Bau des heutigen Kastells.

19. Jh.: 1870 werden die Äolen Bestandteil des neu gegründeten Königreichs Italien. Der industrielle Abbau von Schwefel und Alaun auf Vulcano und Bimsstein auf Lìpari sorgt für Wohlstand. Der Erzherzog von Österreich und Prinz der Toscana, Ludwig Salvator, besucht die Liparen und schreibt ein Grundlagenwerk über deren Geografie, Flora und Fauna.

20. Jh.: U. a. der Niedergang der Schwefelindustrie (in der vornehmlich Zwangsarbeiter gearbeitet haben) führt zur Verarmung und – wie auf Sizilien – zur Auswanderung großer Bevölkerungsteile.

1920-/1930er-Jahre: Der 1889 als Gefängnis eingerichtete Burgberg wird zum faschistischen Deportationslager für politisch Missliebige.

1940er-/1950er-Jahre: Die Filme „Stromboli“ (1949, von Roberto Rosselini) und „Vulcano“ (1949, von William Dieterle) machen die Inseln einem breiteren Europa bekannt und in der Folge boomt der Tourismus.

2000: Lìpari wird Weltnaturerbestätte, muss aber um Aberkennung des Titels fürchten, da die im Gegenzug zur Auflage gemachte Einstellung des Bimsabbaus nicht eingehalten wird.

2002: Die Insel Stromboli wird nach einem heftigen Vulkanausbruch und einem durch Hangrutsch entstandenen Tsunami für mehrere Wochen evakuiert.

2008: Der Bimsabbau auf Lìpari endet endgültig.

2009: Die Weltwirtschaftskrise erwischt Italien voll. Als Folge bricht der Binnentourismus zusammen, was besonders die Dienstleistungsindustrie Süditaliens trifft.

2010: Die teilstaatliche und hochsubventionierte Fährgesellschaft Siremar (die den Großteil des Schiffsverkehrs rund um Sizilien abwickelt) wird insolvent und nach einer Ausschreibung ein Jahr später privatisiert.

2014: Die italienischen Gerichte erklären die Privatisierungsausschreibung für die Siremar als fehlerhaft und für ungültig.

2015: Das Amt für Zivilschutz warnt im Sommer offiziell vor der Gefahr, die von den an Land und aus dem Meeresuntergrund aufsteigenden Dämpfen ausgeht. Schwefelverbindungen, aber besonders das geruchslose Kohlendioxid, können beim Baden zur Bewusstlosigkeit führen.

2022: Unabhängige Kandidaten gewinnen die Kommunalwahlen auf den Äolen, auf Lipari wird Riccardo Gullo von der Liste der liberal-konservativen, kommunalbasierten „Äolische Wiedergeburt“ Bürgermeister

2019–2023: Die verstärkte, seit mehreren Jahren andauernde vulkanische Aktivität führt zur zeitweiligen Sperrung Vulcanos und zur Sperrung der Gipfelregion Strombolis.

PRAKTISCHE REISETIPPS

067li-fk

An- und Rückreise, Verkehr zwischen den Inseln

Die Schiffe zu den Liparen starten in **Milazzo** 11 auf Sizilien und in **Neapel** 1. Beide Orte sind mit der Bahn oder mit dem Flugzeug zu erreichen. Die **Bahnfahrt** dauert mit dem Schlafwagenzug CNL von München nach Neapel 13 Std. (Umsteigen in Arezzo) und nach Milazzo 23 Std. (Umsteigen in Rom). Ab Wien dauert die Fahrt etwa 14/24 Std., ab Zürich 9/18 Std. (jeweils mit einmal Umsteigen). In Neapel nimmt man am Bahnhof den dort haltenden Flughafenbus zum Hafen, in Milazzo Bus oder Taxi.

Mit dem **Flugzeug** erreicht man die **Flughäfen von Neapel, Catania und Palermo.** Aus ganz Mitteleuropa gibt es Direktflüge in alle drei Städte.

Am einfachsten ist die Fahrt vom **Flughafen Neapel** zur Anlegestelle mit dem Bus. Das Alibus-Shuttle verkehrt alle 15 Min. (5 €, Tickets beim Busfahrer, Fahrtdauer 20–30 Min.). Eine Alternative ist die Fahrt mit dem **Taxi.** Die Fahrt erfolgt zum festen Preis, der allerdings beim Einsteigen kommuniziert werden muss (Anfang 2023: zum Hafen oder ins Zentrum 21 €, zum Bahnhof 18 €, gilt auch für die Gegenrichtung). Der Preis für ein **Sammeltaxi** zum Hafen betrug Anfang 2023 6 €/Person.

› **Aeroporto di Napoli** <274> Tel. 081 7896259, www.aeroportodinapoli.it
› **Aeroporto di Catania** <275> Tel. 095 7239111, www.aeroporto.catania.it
› **Aeroporto Palermo Punta Raisi** <276> Tel. 800541880, www.gesap.it

◁ *Vorseite: Das Versorgungsschiff pumpt Wasser in die Zisternen Salinas*

Von **Catania** kommt man mit den **privaten Shuttlebussen** der Firma Alibrando nach **Milazzo** (Vorausbuchung notwendig, fünf- bis achtmal/Tag, etwa 2 Std., ab 25 €) oder mit der Gesellschaft Giuntabus (vier- bis sechsmal/Tag, etwa 2 Std., 15 € einfach, 26 € hin/zurück). Auch die Firma Clarissaviaggi verbindet Catania mit Milazzo (je nach Saison 4–7 Abfahrten/Tag, 35 € einfach, Fahrtdauer ca. 2 Std., Vorausbuchung am Vorabend obligatorisch).

› **Alibrando,** Tel. 090 9286986, www.alibrando.net, Haltestelle in Catania/Ankünfte vor der Bar Sicilia
› **Giuntabus,** Tel. 090 673782, www.giuntabus.com
› **Clarissaviaggi,** www.clarissaviaggi.com

Mit der **Bahn von Catania** anzureisen, ist unpraktisch (mit dem Bus zum Bahnhof, Umsteigen in Messina, in Milazzo mit Bus oder Taxi zum Hafen). Wer von Palermo mit dem Zug nach Milazzo kommt, nimmt vom Bahnhof (4 km außerhalb) den Stadtbus oder das Taxi zum Hafen.

› **Taxi** vom Bhf. Milazzo zum Hafen ca. 15 €
› **Bus:** AST-Linie Nr. 5, 6.30–20.30 Uhr alle 30 bis 60 Min, im Winter und an Wochenenden stündlich bis zweistündlich, 1 €

Vom **Flughafen Palermo** fährt man am besten mit dem Bus (Anbieter: Prestia e Comande, halbstündlich, 6 €) oder der Bahn zum Hauptbahnhof Palermo Centrale (halbstündlich, 6,50 €) und von dort in 2 bis 3 Std. nach Milazzo (insgesamt 18,50 €, ab Palermo Centrale 13,60 €). Im Sommer (Mitte Juni–Mitte Sept.) kann man auch mit dem **Aliscafo** der Liberty Lines von Palermo täglich di-

068li-fk

Der Schiffsanleger auf Filicudi mit einem Tragflügelboot

rekt auf die Inseln fahren (Halt an allen Inseln, Panarea und Stromboli mit Umsteigen in Lìpari, Endhafen Messina, Dauer 4 Std., Palermo–Lìpari um 55 €.

Im **Hochsommer** verkehren auch von Cefalù, Capo d'Orlando, Messina und Reggio di Calabria Aliscafi zu den Inseln.

Neapel

Von Neapel verkehrt ganzjährig zweimal in der Woche (Di und Fr) über Nacht die **Autofähre „Laurana"** der Firma Siremar (Abfahrt Neapel 20 Uhr, Einschiffung ab 19 Uhr, nach Lìpari Doppelkabine außen in der Hochsaison ca. 370 €/2 Personen). Angefahren werden Stromboli, Ginostra, Panarea, Salina, Lìpari, Vulcano und Milazzo. Die Freitagstour über Filicudi dauert 2 Std. länger (Ankunft Lìpari 9.40/11.35 Uhr). Die Rückfahrt nach Neapel findet ebenfalls über Nacht statt (Abfahrt Lìpari 17.20 Uhr, Ankunft Neapel 8 Uhr). Wem es nichts ausmacht, 6½ Std. in einem Sessel zu verbringen (und bei Sturm die Frühstücksgewohnheiten zu überdenken), der nimmt von Neapel aus die **Aliscafi** der Firma Snav zu den Inseln (nur Ende Mai–Mitte Sept., einfach 70–120 €.

- **Siremar-Biglietteria/Fährtickets Neapel** <277> ONTANO Tour, Calata Porto di Massa (vor der Stazione Marittima der Kreuzfahrtschiffe, kleines Flachgebäude an der Uferstraße Via C. Colombo), Tel. 081 5520889
- **Anlegestelle Siremar-Fähre nach Lìpari/Milazzo** <278> an der Stazione Marittima der Kreuzfahrtschiffe, Fahrstraße unter der Stazione bis zum Ende hindurchgehen (erst zwei Stunden vor Abfahrt möglich)
- **Anlegestelle Snav-Aliscafi nach Lìpari** <279> an der Molo Mergellina, Metrostation „Mergellina" 500 m von der Anlegestelle, Ende Mai bis Mitte Sept.
- **Gepäckaufbewahrung CULP/Deposito Bagagli Molo Beverello** <280> am Hafen (im Flachgebäude der Ticketschalter für die Inselüberfahrten nach Ischia/Capri), 9–18 Uhr, die ersten zwei Std. 3 €, jede weitere Std. 1 €
- **Gepäckaufbewahrung Hotel Maison Degas** <281> Calata Trinità Maggiore 53 (nahe dem Kloster Santa Chiara), Tel. 081 0608252, www.maisondegas.it, 8–20 Uhr, die ersten 12 Std. 4 €, weitere 12 Std. 2 €

- **Gepäckaufbewahrung KiPoint** <282> im Hauptbahnhof (beim Bahnsteig/Gleis Nr. 5), 7–20 Uhr, 10 €/Gepäckstück, für 24 Std. 20 €

Milazzo

Von Milazzo fahren neben der **„Laurana“** und den **Tragflügelbooten (Aliscafi)** auch weitere Siremar-Dampfer zur Versorgung der Inseln (außerdem die wie levantinische Seelenverkäufer wirkenden Fähren der mit der Siremar fusionierten NGI, meist nur Lkw-Verkehr). Dabei werden Vulcano, Lìpari und Salina mehrmals am Tag angefahren, Filicudi, Panarea und Stromboli seltener und Alicudi nur einmal am Tag. Die Tragflügelboote sind von Milazzo aus die effizienteste Art, um sich fortzubewegen, ihr Fahrplan erlaubt auch den Tagesbesuch der abgelegenen Inseln Stromboli und Alicudi.

- **Anlegestelle Siremar-Fähre nach Lìpari/ Napoli und Aliscafi** <283> Milazzo Porto, Via Luigi Rizzo
- **Gepäckaufbewahrung** <284> Via Ammiraglio Luigi Rizzo (Schalterhalle der Tragflügelboote), pro Gepäckstück 4 €/Tag

Verkehr zwischen den Inseln

Preisbeispiele für **Aliscafi-Fahrten** (in Klammern die Preise für die **Dampferüberfahrten**): Lipari – Santa Marina Salina 8,32 € (6,20 €), Lipari – Stromboli 16,82 € (16,38 €), Lipari – Alicudi 17,82 € (18,24 €), Lipari – Panarea 9,82 € (10,50 €), Lipari – Filicudi 14,93 € (14,82 €), Rinella – Filicudi 10,49 € (15,50 €), Stromboli – Ginostra 7,80 € (9,30 €).

› **Siremar,** www.siremar.it
› **Liberty Lines,** www.libertylines.it
› **Snav,** www.snav.it

Abfahrtszeiten

Bei schlechtem Wetter oder zu erwartenden Stürmen können sich die Abfahrtszeiten der Schiffe und der Aliscafi schon mal verschieben – und nicht nur nach hinten. Die Abfahrt kann auch vorverlegt werden.

Ausrüstung und Reisegepäck

Wichtigster Ausrüstungsgegenstand auf den abgelegeneren Inseln – will man nicht bei Sternenlicht den Nachhauseweg finden – ist die **Taschenlampe,** denn es gibt keine Straßenbeleuchtung. Äußerst hilfreich sind stabile **Badeschuhe** für den Wassergang auf Wackersteinen (der sonst heftig an der Würde nagt). Wer auf den **Stromboli** will, muss **Wanderausrüstung** und **feste Schuhe** mitbringen (oder sie sich vor Ort leihen).

Man bedenke beim Packen, dass auf den **Tragflügelbooten** ein Gepäckstück normaler Größe frei ist, besonders große Koffer und weiteres Gepäck kosten extra.

069li-fk

Autofahren

Der Autoverkehr auf den Inseln ist **reglementiert** oder gar **vollständig verboten** (weil sinnlos). Nur nach Lìpari und Salina darf man sein Auto mitnehmen, aber auch hier kann es passieren, dass ein Ausschiffungsverbot verhängt wird. Auf Lìpari, Salina und Vulcano lassen sich Autos, Roller und Räder mieten, auf Filicudi Roller.

Barrierefreies Reisen

Die Inseln sind als Destination für barrierefreies Reisen **definitiv nicht ideal.** Schon der Zugang über die Rampen der Aliscafi gestaltet sich schwierig. Die wenigsten Hotels sind auf Rollstuhlfahrer eingerichtet und außerhalb von Lìpari-Stadt reduzieren sich die Möglichkeiten bei Unterkünften und Restaurants auf ein Minimum. Auf alle Fälle sollte man einen **Aktivrollstuhl** mit großen Rädern und eine kräftige Begleitperson haben. Gänzlich ungeeignet sind die Inseln Alicudi und Stromboli auf der Ginostra-Seite.

Diplomatische Vertretungen

- **Deutsche Botschaft in Rom,** Via San Martino della Battaglia 4, 00185 Roma, Tel. 06 492131, www.italien.diplo.de
- **Österreichische Botschaft in Rom,** Via Pergolesi 3, 00198 Rom, Tel. 06 8440141, www.bmeia.gv.at/oeb-rom, Mo–Fr 9–12 Uhr
- **Schweizer Botschaft in Rom,** Via Barnaba Oriani 61, 00197 Roma, Tel. 06 809571, www.eda.admin.ch/roma, Mo–Fr 9–12 Uhr

Warten auf die Weiterreise am Hafen von Lìpari

Elektrizität

Die Stromversorgung der Inseln wird über **Dieselgeneratoren** und **Solaranlagen** sichergestellt. Da die Kapazitäten begrenzt sind, wird auf den kleineren Inseln auf Straßenbeleuchtung verzichtet, außerdem kann es ab und an zu Stromausfällen kommen. Man bedenke, dass Inseln wie Filicudi, Alicudi oder Stromboli erst seit den 1990er-Jahren mit Elektrizität versorgt sind. **Adapterstecker sind nicht notwendig.**

Geldfragen

Banken gibt es nur auf Lìpari und Salina, ansonsten muss das Geld an **Geldautomaten** gezogen werden (auf Alicudi und in Ginostra auf Stromboli gibt es keine). Die Geldmaschinen laufen im Hochsommer schon mal leer, weshalb es gut ist, immer eine gewisse Menge Geldes in bar mit sich zu führen (ansonsten muss man nach Lìpari fahren). In **Restaurants** und bei Buchung der **Unterkunft** besser nachfragen, ob **Kredit- oder Debitkarten/Girocards** akzeptiert werden.

Die Äolen sind **kein günstiges Reiseziel.** Für ein Essen muss man wenn man nicht in eine Rosticceria, die italienische Spielart des Schnellimbisses geht – zwischen 15 und 25 € kalkulieren und die Preise für die Unterkunft explodieren im August (nur selten findet man dann ein Doppelzimmer für weniger als 150 €). In der Nebensai-

Die Inseln preiswert

Im Winterhalbjahr von Oktober bis April unternimmt die Firma **Nesos** (s. S. 48) jeden Samstag von Lìpari aus einen geführten **Wanderausflug** mit kostenloser Teilnahme.

In den **staatlichen Museen** ist an jedem ersten Sonntag im Monat der Eintritt frei.

Günstiges Kino findet in Pollara auf Salina jeden Sommerabend um 18 Uhr in der Gartenbar l'Oasis statt, wenn es auch jeden Abend denselben Film zu sehen gibt („Il Postino", s. S. 90).

Sowohl in Stromboli-Ort 28 als auch in Ginostra 30 kann man zu Fuß und ohne Bootsfahrt oder Tour jeweils eine Stelle mit Blick auf die **Feuerrutsche** erreichen.

son hingegen sinken die Preise für ein Zimmer auf 50 bis 100 € (auch in den besten Hotels). „Inselhüpfen" ist ebenso kein billiges Vergnügen, wenn man die schnellen Aliscafi nutzt (von Milazzo nach Stromboli um 25 €). Mit den Dampfern geht es günstiger (um 17 €), dauert aber wesentlich länger. Will man an den Stränden einen Schirm mit zwei Liegen anmieten, muss man je nach Saison mit 20 bis 30 € pro Tag rechnen.

Hunde

Die Mitnahme von Hunden empfiehlt sich nicht. In den meisten Hotels und an den Stränden sind sie nicht gerne gesehen. Im Aliscafi dürfen sie nur in Käfigen oder Transportboxen mitgenommen werden.

Informationsquellen

Infostellen zu Hause

Die italienischen Fremdenverkehrsämter erfüllen nur noch Marketingaufgaben und sind ansonsten für den Publikumsverkehr geschlossen, geben keine telefonische Beratung mehr und versenden kein Prospektmaterial – Informationen erhält man nur auf der offiziellen Website.

› www.italia.it/de

Infostellen auf der Insel

Die zentrale Informationsstelle in **Lìpari-Stadt** (s. S. 47) beschränkt sich auf die Verteilung veralteten Materials, die einzige weitere auf **Salina** (s. S. 87, nur im Sommer) ist engagierter, hat aber auch nicht viel an Informationsmaterial zu bieten. Die Buchläden und Souvenirshops verkaufen Kartenmaterial.

Liparische Inseln im Internet

› **www.loveolie.it,** offizielle Tourismus-Website der Äolischen Inseln (italienisch)

› **www.lovesalina.it,** touristisches Portal der Kommunen von Salina mit praktischen Tipps (italienisch und – automatenübersetzt – deutsch)

› **www.estateolie.net,** Webmagazin mit einer ganzen Menge an Infos zu Essen, Shoppen und Nachtleben, auch als App verfügbar (www.estateolie2app.com, gratis für iOS und Android, italienisch und englisch in abgespeckter Form)

› **www.notiziarioeolie.it,** Onlinezeitung mit aktuellen Infos zu den Inseln (italienisch)

› **www.ilmeteo.it,** Wettervorhersage, unabdingbar, wenn man seine Abreise verlässlich planen will (italienisch, teilübersetzt deutsch)

Publikationen und Medien

- **La Stampa** <285> Corso Vittorio Emanuele II 170, Lìpari-Stadt. Laden mit Inselkarten und deutschen Zeitungen und Zeitschriften (nur im Sommer).
- Der auf Alicudi beheimatete Verlag **Arbatus** bringt – neben detailreichen Führern – auch Karten der einzelnen Inseln heraus, die die Wanderwege sehr genau und verlässlich nachzeichnen (mit Wegzeiten und Höhenmetern).
- **Kompass-Wanderkarte Liparische Inseln**, 1:25000

Unsere Literaturtipps

Wer sich eingehender mit der Geologie der Inseln beschäftigen will, kommt um das ultimative Standardwerk zur Genese der Inseln nicht herum: **„The Aeolian Island Vulcanoes"**, Geological Society of London, London 2013.

Der in Chile spielende Roman **„Mit brennender Geduld"** von Antonio Skármeta ist die Vorlage für den auf Salina abgedrehten Film „Il Postino", Piper Verlag, München 1998.

Nur noch in den Bibliotheken zu finden, ist das aus acht Heften bestehende Werk **„Die Liparischen Inseln"** von Ludwig Salvator, Erzherzog von Österreich und Prinz der Toskana, Verlag Mercy, Prag 1893–1896.

Internet

Die Netze sind nicht immer stabil, große Datenmengen können dauern. Das Checken der Mails funktioniert ganz gut, man sollte aber nicht versuchen, Filme zu schauen.

Medizinische Versorgung

Zwar hat jede Insel einen **Notfallposten (Guardia Medica)**, doch sind auch dort nicht alle Medikamente vorrätig, man sollte seine Arzneien immer dabei haben. Die Sonne brennt extrem, weshalb auf ausreichenden **Sonnenschutz** zu achten ist. Bei einer **Quallenplage** ist besondere Vorsicht geraten – die Nesseln verursachen extrem schmerzhafte Reizungen (s. S. 100).

Es gibt keine Garantie dafür, dass die ärztlichen **Behandlungskosten** durch die europäische Krankenversicherungskarte EHIC gedeckt werden. Oft muss man die Kosten selbst vor Ort tragen, daher ist es unbedingt zu empfehlen, eine Auslandsreisekrankenversicherung abzuschließen.

Die **Guardia Medica** arbeitet wochentags von 20 bis 8 Uhr, an Wochenenden 24 Std., ansonsten erhält man bei Arztpraxen Hilfe. Die exakten Standorte der Guardia Medica erfrage man vor Ort.

- **Guardia Medica Alicudi**, Via S. Anna, am Hafen, Tel. 090 9889913
- **Guardia Medica Filicudi**, Via Rocca Diciavoli, Tel. 090 9889961
- **Guardia Medica Leni**, Via Roma, Tel. 090 9809186
- **Guardia Medica Lìpari**, Via Garibaldi, Tel. 090 9885426
- **Guardia Medica Malfa**, Via Umberto I 5, Tel. 090 9844005
- **Guardia Medica Panarea**, Via S. Pietro, Tel. 090 983040
- **Guardia Medica Stromboli**, Via Vittorio Emanuele, Tel. 090 986097
- **Guardia Medica Vulcano**, Via Comunale 13, Tel. 090 9852220

- **Krankenhaus/Ospedale Civile Lìpari** <286> Via Sant'Anna, Lìpari-Stadt, Isola di Lìpari, Tel. (Zentrale) 090 98851, www.asp.messina.it, hier auch eine Druckkammer für Tauchunfälle

Mit Kindern unterwegs

Die Äolischen Inseln sind **kein klassisches Familienreiseziel mit kleineren Kindern.** Die kindgerechten Bademöglichkeiten mit Sandstränden sind äußerst limitiert. Wenn die Kinder aber etwas größer sind und sich für Wanderungen begeistern können, sind die Liparen mit ihren Vulkanen durchaus eine interessante Urlaubsdestination.

☒ *Panareas Hauptgasse (s. S. 68)*

070li-fk

Notfälle

- **Polizei:** Tel. 112
- **Medizinischer Notfall:** Tel. 112/118
- **Feuerwehr (Vigili del Fuoco):** Tel. 115
- **Küstenwache (Emergenza in Mare, landesweite Zentrale):** Tel. 1530
- **Küstenwache (Lìpari direkt):** Tel. 090 9880819
- **landesweite Notrufzentrale vom Mobiltelefon:** Tel. 112

Kartensperrung

Bei **Verlust der Debit-/Giro-, Kredit-** oder **SIM-Karte** gibt es für Kartensperrungen eine **deutsche Zentralnummer** (unbedingt vor der Reise klären, ob die eigene Bank bzw. der jeweilige Mobilfunkanbieter diesem Notrufsystem angeschlossen ist). **Aber Achtung:** Mit der telefonischen Sperrung sind die Bezahlkarten zwar für die Bezahlung/Geldabhebung mit der PIN gesperrt, nicht jedoch für das **Lastschriftverfahren mit Unterschrift.** Man sollte daher auf jeden Fall den Verlust zusätzlich **bei der Polizei zur Anzeige bringen,** um gegebenenfalls auftretende Ansprüche zurückweisen zu können.

In **Österreich** und der **Schweiz** gibt es keine zentrale Sperrnummer, daher sollten sich Besitzer von in diesen Ländern ausgestellten Debit- oder Kreditkarten vor der Abreise bei ihrem Kreditinstitut über den zuständigen Sperrnotruf informieren.

Generell sollte man sich immer die **wichtigsten Daten** wie Kartennummer und Ausstellungsdatum **separat notieren,** da diese unter Umständen abgefragt werden.

- **Deutscher Sperrnotruf:** Tel. +49 116116 oder Tel. +49 3040504050
- **Weitere Infos:** www.kartensicherheit.de, www.sperr-notruf.de

Öffnungszeiten

Die Öffnungszeiten variieren. **Lebensmittelgeschäfte/Supermärkte** öffnen zwischen 7 und 9 Uhr und schließen meist gegen 13 Uhr, nachmittags sind sie zwischen 17 und 19.30/20 Uhr noch einmal geöffnet. Sonntags sind die Läden in der Nebensaison (bis auf Modegeschäfte und Souvenirläden) geschlossen.

Postämter sind werktags ganztägig, samstags nur am Vormittag geöffnet. **Banken** öffnen montags bis freitags von 8.30 bis 13.30 Uhr und nachmittags eine Stunde von 15 bis 16 Uhr. **Behörden** haben für Parteienverkehr nur montags bis freitags von 8.30 bis 13 Uhr geöffnet. **Restaurants** öffnen mittags nicht vor 12 Uhr und bleiben dann bis etwa 15 Uhr offen. Abends machen sie vor 19/20 Uhr nicht auf (Ausnahme: Pizzeria/Rosticceria etc.).

In der **Nebensaison** haben Restaurants und Geschäfte nicht immer geöffnet. Die Ruhetage sind abhängig von den Besucherzahlen und der Tagesform der Betreiber.

Post

Das **Porto** für Postkarten und Briefe nach Europa und in die Schweiz kostet 1,25 €. Briefkästen finden sich bei den Postämtern.

Sicherheit

Die Liparischen Inseln sind ein **sicheres Reiseziel**, zu Gewaltverbrechen kommt es praktisch nicht. Es genügt, die **üblichen Verhaltensregeln** zu beachten. Wertsachen, Geld oder Kreditkarten sind sicher zu verstauen. Im Falle eines Diebstahls wende man sich an ein **Polizeirevier**, um Anzeige zu erstatten. Dies ist auch für etwaige Ersatzansprüche bei der eigenen Versicherung wichtig.

- **Polizia Municipale** <287>
  Via Madre Florenzia Profilio, Lìpari-Stadt, Tel. 090 9887400

Sprache

Auf den Äolen kommt man mit **Englisch** ganz gut durch, manchmal wird auch **Deutsch** gesprochen. Die Speisekarten sind häufig mehrsprachig. Ein Glossar **italienischer Begriffe** befindet sich im Anhang (s. S. 134). Empfehlenswert ist die Mitnahme eines Sprachführers wie **Kauderwelsch Italienisch Wort für Wort** und **Kauderwelsch Italienisch kulinarisch Wort für Wort**, beide aus dem Reise Know-How Verlag.

Telefonieren

Die **Vorwahl** von Italien lautet 0039. Bei Anrufen ins Festnetz wird die Rufnummer auch bei Ortsgesprächen generell mit vorangestellter Null gewählt, Handynummern beginnen stets ohne Null.

Seit der Abschaffung der **Roaminggebühren** innerhalb der EU ist es nicht mehr sinnvoll, sich zur Kostenersparnis eine italienische Prepaid-Karte zuzulegen. Das Telefonieren und Surfen mit dem Handy ist im EU-Ausland so günstig wie zu Hause – es sei denn, man nutzt das Handy im Ausland über einen längeren Zeitraum hinweg, dann können je nach Anbieter Nutzungsobergrenzen gelten. Manche Anbieter kappen nach Verbrauch des Datenvolumens die Internetverbindung, statt sie wie in Deutschland zu drosseln.

Landesvorwahlen
- **Italien:** Tel. 0039
- **Deutschland:** Tel. 0049
- **Österreich:** Tel. 0043
- **Schweiz:** Tel. 0041

Wasser

Das Wasser ist **trinkbar, aber knapp** und wird aus Zisternen gewonnen. Daher sollte man unbedingt sparsam damit umgehen.

Wetter und Reisezeit

Die Liparen kennen – aus der italienischen Tourismusperspektive gesehen – nur zwei Reisezeiten: die Saison im Hochsommer (Juli/August) und den Rest des Jahres. Dabei sind die Inseln außerhalb der Hauptreisezeit weitaus interessanter:

Im **Frühling** (März bis Mai) blüht die Macchia bunt auf, tagsüber ist es meist warm bis heiß, nachts noch etwas kühl, eine schöne Zeit für Wanderungen und zum Faulenzen. Im **Herbst** (September bis November) ist es tagsüber warm bis heiß, nachts warm bis kühl. Auch jetzt kann man gut wandern, die Natur bietet sich den Blicken aber nicht in der strotzenden Frische des Frühjahrs dar. Der Himmel ist stahlblau, im Meer lässt sich noch hervorragend schwimmen.

Im **Winter** (Dezember bis Februar) kann es tagsüber noch über 15 °C haben und man genießt den Cappuccino auf der Terrasse. Allerdings haben dann nicht mehr viele Hotels und Restaurants auf. Was aber wesentlich abschreckender ist: Die häufigeren **Stürme** machen An- und Abreise zu einem Vabanque-Spiel. Im schlimmsten Fall sitzt man auf einer der kleineren Inseln dann mehrere Tage fest, bis wieder ein Schiff anlegen kann.

So schön kann ein Eingang sein

Durchschnitt	Wetter auf den Liparischen Inseln											
Maximale Temperatur	14°	15°	17°	19°	23°	28°	31°	31°	28°	23°	19°	16°
Minimale Temperatur	8°	8°	9°	12°	15°	19°	22°	23°	20°	16°	13°	9°
Regentage	9	5	6	4	3	2	1	1	3	7	7	8
Wassertemperatur	14°	13°	14°	15°	17°	21°	24°	25°	24°	22°	19°	16°
	Jan	Febr	März	Apr	Mai	Juni	Juli	Aug	Sept	Okt	Nov	Dez

ANHANG

071li-fk

Kleine Sprachhilfe Italienisch

Die Sprachhilfe entstammt den Kauderwelsch-Sprachführern **„Italienisch – Wort für Wort“** und **„Italienisch kulinarisch“** aus dem Reise Know-How Verlag.

Aussprache

Hier sind diejenigen Buchstaben(kombinationen) aufgeführt, deren Aussprache abweichend vom Deutschen ist bzw. sein kann.

ie, ai, eu	Doppellaute werden immer getrennt; ausgesprochen, also „i-e“, „a-i“, „e-u“.
c	wie „k“ vor den Selbstlauten a, o, u; wie „tsch“ in „Matsch“ vor den Selbstlauten e, i
ch	wie „k“
g	wie „g“ vor den Selbstlauten a, o, u; wie „dsch“ in „Dschungel“ vor den Selbstlauten e, i
gh	wie „g“
gli	wie „lj“
gn	wie „nj“ in „Tanja“
h	stumm, wird nicht gesprochen
r	gerolltes Zungenspitzen-r
s	am Wortanfang immer stimmloses „s“ wie in „Bus“; in der Wortmitte zwischen Selbstlauten stimmhaftes „s“ wie in „Rose“
st	spitzes „st“ wie in „Hast“
v	wie „v“ in „Vase“
z	stimmhaftes „ds“ wie in „Rundsaal“

Zahlen

0	*zero*
1	*uno*
2	*due*
3	*tre*
4	*quattro*
5	*cinque*
6	*sei*
7	*sette*
8	*otto*
9	*nove*
10	*dieci*
11	*undici*
12	*dodici*
13	*tredici*
14	*quattordici*
15	*quindici*
16	*sedici*
17	*diciassette*
18	*diciotto*
19	*diciannove*
20	*venti*
21	*ventuno*
22	*ventidue*
23	*ventitré*
24	*ventiquattro*
25	*venticinque*
26	*ventisei*
27	*ventisette*
28	*ventotto*
29	*ventinove*
30	*trenta*
40	*quaranta*
50	*cinquanta*
60	*sessanta*
70	*settanta*
80	*ottanta*
90	*novanta*
100	*cento*
200	*duecento*
300	*trecento*
400	*quattrocento*
500	*cinquecento*
600	*seicento*
700	*settecento*
800	*ottocento*
900	*novecento*
1000	*mille*
2000	*duemila*

Die wichtigsten Richtungsangaben

(a) sinistra	(nach) links
(a) destra	(nach) rechts
diritto	geradeaus
indietro	zurück
vicino	nah
lontano	weit

+++ Die wichtigsten Wörter mit dem Bonus-Audiotrack des Kauderwelsch-

qui, qua	hier	*tornare*	zurückgehen
lì, là	dort	*all'angolo*	an der Ecke
accanto	nebenan	*all'incrocio*	an der Kreuzung
di fronte	gegenüber	*al semaforo*	an der Ampel
davanti	vor, vorne	*in centro*	im Zentrum
svoltare	abbiegen	*fuori città*	außerhalb der Stadt

Die wichtigsten Fragewörter

chi?	wer?	*quando?*	wann?
che (cosa)?	was?	*perchè?*	warum?
come?	wie?	*quanto?*	wie viel?
dove?	wo(hin)?	*quanti/-e?*	wie viele?
di/da dove?	woher?	*quale?*	welche(r)?

Die wichtigsten Zeitangaben

oggi	heute	*a mezzogiorno*	mittags
domani	morgen	*di pomeriggio*	nachmittags
ieri	gestern	*di sera*	abends
adesso, ora	jetzt	*di notte*	nachts
subito	sofort	*lunedì*	Montag
sempre	immer	*martedì*	Dienstag
mai	nie	*mercoledì*	Mittwoch
ancora	noch	*giovedì*	Donnerstag
prima	vorher	*venerdì*	Freitag
dopo	nachher	*sabato*	Samstag
di mattina	morgens	*domenica*	Sonntag

Die wichtigsten Fragen

Gibt es ...?	*C'è ...?*
Ich brauche ...	*Ho bisogno di ...*
Ich möchte / Ich will ...	*Vorrei ... / Voglio ...*
Geben Sie mir bitte ...	*Mi dia ..., per favore.*
Wo kann man ... kaufen?	*Dove si può comprare ...?*
Wie viel kostet ...?	*Quanto costa / viene ...?*
Wie viel kostet das?	*Quanto costa?*
Was ist das?	*Che cosa è questo?*
Wo ist / befindet sich ...?	*Dov'è ...?*
Ich möchte nach ... fahren	*Vorrei andare a ...*
Wie komme ich nach ...?	*Come faccio ad andare a ...?*
Wie viel kostet die Fahrt nach?	*Quanto costa il viaggio per ...?*
Ist das der Zug nach ...?	*È questo il treno per ...?*
Wann fährt der Bus nach ... ab?	*A che ora parte l'autobus per ...?*
Bringen Sie mich bitte zu / nach ... (im Taxi)	*Mi porti a ..., per favore.*

Die wichtigsten Floskeln und Redewendungen

ja - nein	*sì - no*
bitte (um etw. bitten)	*per favore*
Bitteschön! (anbieten)	*Prego!*
(Vielen) Dank!	*Grazie (tanto)!*
Keine Ursache!	*Di niente! / Non c'è di che!*
Guten Morgen / Tag!	*Buongiorno!*
Guten Abend!	*Buona sera!*
Herzlich willkommen!	*Benvenuto!/Benvenuta! (m/w)*
Wie geht es dir / Ihnen?	*Come stai / sta?*
(Sehr) gut. - Schlecht.	*(Molto) bene. - Male.*
Auf Wiedersehen! (du/Sie)	*Arrivederci! / ArrivederLa!*
Hallo!, Tschüss!	*Ciao!*
Bis später! / Bis morgen!	*A più tardi! / A domani!*
In Ordnung!	*Va bene!, D'accordo!*
Ich weiß (es) nicht.	*Non (lo) so.*
Guten Appetit!	*Buon appetito!*
Zum Wohl!, Prost!	*Salute!, Cin cin!*
Die Rechnung, bitte!	*Il conto, per favore!*
Entschuldige/n Sie!	*Scusa! / Scusi!*
Es tut mir leid!	*Mi dispiace.*
Gestatten!, Darf ich?	*Permesso?*
(Sehr) gern!	*(Molto) volentieri!*
Sag / sagen Sie mir!	*Dimmi! / Mi dica!*
Helfen Sie mir bitte!	*Mi aiuti, per favore!*
Hilfe!	*Aiuto!*

Nichts verstanden? – Weiterlernen!

Ich spreche nicht gut Italienisch.	*Non parlo bene l'italiano.*
Ich möchte Italienisch lernen.	*Vorrei imparare l'italiano.*
Wie bitte?	*Come?*
Was haben Sie gesagt?	*Come ha detto?*
Ich habe nicht verstanden!	*Non ho capito!*
Sprechen Sie Englisch?	*Parla l'inglese?*
Wie sagt man auf Italienisch?	*Come si dice in italiano?*
... auf Deutsch	*... in tedesco*
... auf Englisch	*... in inglese*
... auf Französisch	*... in francese*
... auf Niederländisch	*... in olandese*
Wie spricht man dieses Wort aus?	*Come si pronuncia questa parola?*
Wiederholen Sie bitte!	*Ripeta, per favore!*
Können Sie bitte langsamer sprechen?	*Può parlare più lentamente, per favore?*
Können Sie mir das bitte aufschreiben?	*Me lo può scrivere, per favore?*

Im Restaurant bestellen

Können wir bitte die Speisekarte/ Getränkekarte haben?	*Possiamo avere il menù/la lista delle bevande, per favore?*
Wir möchten bitte bestellen.	*Vorremmo ordinare.*
Was können Sie uns empfehlen?	*Cosa ci consiglia?*
Was ist das Tagesgericht?	*Cos'è il piatto del giorno?*
Was sind die Spezialitäten der Gegend?	*Quali sono le specialità della regione?*
Ich nehme als Vorspeise/ersten Gang/ zweiten Gang ...	*Prendo come antipasto/primo piatto/ secondo piatto ...*
Die Rechnung, bitte.	*Il conto, per favore.*
Stimmt so, danke.	*Va bene così, grazie.*

Die wichtigsten Begriffe im Restaurant

menù (m)	Speisekarte	*antipasto*	Vorspeise
primo	erster Gang	*secondo*	zweiter Gang
dessert (m)	Nachspeise	*porzione (w)*	Portion
piatto del giorno	Tagesgericht	*lista delle bevande*	Getränke-karte
piatto	Teller	*tazza*	Tasse
vino	Wein	*birra*	Bier
acqua	Wasser	*pane (m)*	Brot
bottiglia	Flasche	*bicchiere (m)*	Glas
coperto	Gedeck	*posate*	Besteck
forchetta	Gabel	*coltello*	Messer
cucchiaio	Löffel	*minestra*	Suppe
carne (w)	Fleisch	*pesce (m)*	Fisch
frutta	Obst	*verdura*	Gemüse
contorno	Beilage	*insalata*	Salat

Die wichtigsten Einkaufsfloskeln

Ich suche ...	*Cerco ...*
Haben Sie ...?	*Ha ...?*
Wo kann ich ... finden?	*Dove posso trovare ...?*
Gibt es hier einen Markt?	*C'è un mercato qui?*
Wo ist der nächste Supermarkt?	*Dov'è il supermercato più vicino?*
Könnten Sie mir bitte helfen?	*Mi potrebbe aiutare, per cortesia?*
Ich hätte gern ...	*Vorrei ...*
Geben Sie mir bitte ...	*Mi dà ..., per favore.*
Wie viel kostet das?	*Quanto costa?*
Wie viel kostet das Kilo?	*Quanto costa al chilo?*
Etwas weniger/mehr, bitte.	*Un po' di meno/più, per favore.*
Danke, das genügt.	*Basta così, grazie.*
Danke, das ist alles.	*Grazie, è tutto.*
Um wie viel Uhr öffnen/schließen Sie?	*A che ora apre/chiude?*

Zugspitze. Foto: Aneta Niemitz

Register

Liparische Inseln mit PC, Smartphone & Co.

QR-Code auf dem Umschlag scannen oder **www.reise-know-how.de/inseltrip/lipari23** eingeben und die **kostenlose Web-App** aufrufen (Internetverbindung zur Nutzung nötig)!

★**Anzeige der Lage und Satellitenansicht aller** beschriebenen Sehenswürdigkeiten und weiteren Orte

★**Routenführung** vom aktuellen Standort zum gewünschten Ziel

★**Exakter Verlauf** der empfohlenen Wanderungen

★**Audiotrainer** der wichtigsten Wörter und Redewendungen

★**Updates** nach Redaktionsschluss

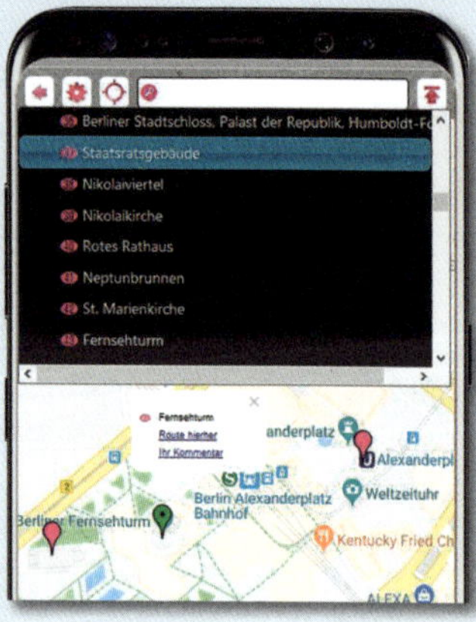

GPS-Daten zum Download

Die GPS-Daten aller Ortsmarken und Wanderungen stehen auf der Produktseite des Titels auf www.reise-know-how.de zum Download zur Verfügung.

Inselplan für mobile Geräte

Um den Inselplan auf Smartphones und Tablets zu nutzen, empfehlen wir die App „Avenza Maps" der Firma Avenza™. Über die Funktion „Store" kann die „Islandmap Salina, Lipari, Vulcano 2023" kostenlos geladen werden.

Die Information über und die Bereitstellung von digitalen Zusatzinhalten (z. B. Web-App, Links, GPS-Tracks o. Ä.) ist eine freiwillige Zusatzleistung des Verlages, auf die kein Anspruch besteht und für deren Richtigkeit aufgrund der Veränderlichkeit solcher Informationen auch nicht gehaftet werden kann. Insbesondere behält sich der Verlag deshalb vor, die Bereitstellung und die Zugriffsmöglichkeit zeitlich zu befristen und den Zugriff hierauf auch vorfristig abzuschalten.

Impressum

Daniela Schetar, Friedrich Köthe

InselTrip Liparische Inseln

3., neu bearbeitete und aktualisierte Auflage 2023

ISBN 978-3-8317-3687-4

Printed in Germany

Druck und Bindung:
mediaprint solutions GmbH, Paderborn

Herausgeber: Ulrich Kögerler, Klaus Werner
Layout: amundo media GmbH (Umschlag, Inhalt), Peter Rump (Umschlag)
Lektorat: amundo media GmbH
Karten: Ingenieurbüro K. Wondler, amundo media GmbH
Anzeigenvertrieb: KV Kommunalverlag GmbH & Co. KG, Alte Landstraße 23, 85521 Ottobrunn, Tel. 089 928096-0, info@kommunal-verlag.de
Kontakt: Osnabrücker Str. 79, 33649 Bielefeld, info@reise-know-how.de

Alle Angaben in diesem Buch sind gewissenhaft geprüft. Preise, Öffnungszeiten usw. können sich jedoch schnell ändern. Für eventuelle Fehler übernehmen Verlag wie Autoren keine Haftung.

Bildnachweis

Umschlagvorderseite: ©Dieter Meyer, stock.adobe.com | Umschlagrückseite: Friedrich Köthe | Umschlagklappe rechts: Friedrich Köthe

Soweit ihre Namen nicht vollständig am Bild vermerkt sind, stehen die Kürzel an den Abbildungen für die folgenden Fotografen, Firmen und Einrichtungen. Friedrich Köthe: fk

Lìpari-Stadt (s. Seite 34)

0 — 100 m